# Marilís Llobet

www.marilisllobet.com

*Sintonizando la Vida de Tus Sueños*

StayTuned Audios

www.staytunedportal.com

**Dedicatoria**

A Said Simón, mi primer mentor.
De él aprendí sobre la disciplina y la excelencia.
También me inculcó el hábito de la lectura y me enseñó
con su ejemplo, que la vida que soñamos ¡es posible!

**Agradecimiento**

A Kelvin Rojas Llobet
por su invaluable apoyo en el desarrollo de este libro.
Por su creatividad y excelencia.

## Introducción

Después de una larga y productiva carrera en el mundo corporativo, sucedieron una serie de eventos que aceleraron mi decisión de formar mi propia empresa. Esto es algo que anhelaba hacer desde mi infancia. No obstante, siempre postergaba mi sueño de ser emprendedora. ¿Qué me detenía? Mis creencias subconscientes, algunas de las cuales se habían formado en mis primeros 6 años de vida

Era el año 1970, yo tenía 3 años y medio de edad. Estaba con mi abuela materna desayunando y una vecina estaba de visita en nuestra casa. Recuerdo con precisión sus palabras: Ofelia, ese doctor que va a operar de catarata en el ojo a Oscar (mi papá) ha dejado a varios pacientes con problemas permanentes de visión. ¿Por qué no va a operarse en Houston?, él tiene los medios para hacerlo.

Desconozco lo que sucedió después. No sé si mi abuela habría alertado a mis padres sobre los riesgos de la cirugía ocular en manos de este desprestigiado oftalmólogo.

Mi papá se llamaba Oscar y sus amigos le decían Coco. Era un hombre jovial, divertido y bastante irreverente. Para mí, siendo la menor de 4 hijas él era un súper héroe. Teníamos una relación muy cercana que mantuvimos durante toda su vida.

Semanas después, mi padre regresó de su cirugía que tal y como nuestra vecina anticipó había sido un desastre. Él tenía un problema en su ojo derecho que hacía que su campo visual se duplicara. Para aquel momento Coco tenía 40 años y la visión de su ojo derecho se había anulado por completo. La cirugía fallida había arruinado su ojo izquierdo, lo que significó que quedara legalmente ciego.

Este desafortunado evento desencadenó una serie de situaciones que llevarían a mi padre a la bancarrota trayendo muchas consecuencias negativas para toda mi familia.

Sin darme cuenta, esta vivencia había sembrado en mi subconsciente dos creencias que tendrían un impacto muy fuerte en mis siguientes 40 años de vida. Las dos creencias que se habían instalado en mi mente subconsciente, sin siquiera darme cuenta eran: "la adversidad es natural" y "ser empresario puede llevarlo a uno a la ruina".

Al ver a mi papá en esta situación, muy temprano en mi vida asumí responsabilidades que no me correspondían. A los 14 años había iniciado mi primer micronegocio: mecanografiar trabajos de estudiantes universitarios.

En aquel momento no existían todavía las computadoras personales. Yo había aprendido mecanografía cuando estaba en la escuela y era sumamente rápida escribiendo. En mi escuela cuando uno alcanzaba cierto nivel de velocidad y completaba ciertos requisitos podía acceder a su título de mecanógrafo lo cual implicaba liberarse de las clases de la profesora a quién llamábamos la tía tecla.

Este micronegocio me permitió terminar la secundaria en un colegio privado que yo me hacía cargo de pagar.

Asumir tan temprano en mi vida responsabilidades, que en realidad correspondían a mis padres, había dejado una huella importante que impactaría profundamente mis creencias subconscientes. Crecí convencida que yo tenía que resolverlo todo ya que a mi alrededor no había nadie con la capacidad y disposición de resolver. A pesar de haber tenido una muy buena relación con mi padre, yo había invertido los roles. No era el padre cuidando a la hija, sino la hija cuidando al padre. Así que yo era experta en dar, pero no sabía nada sobre recibir.

Cuando llegó el momento de seguir mi sueño de ser emprendedora había alcanzado una posición financiera bastante cómoda. Sin embargo, no estaba completamente lista para las inversiones que debía hacer en los dos primeros años de operación de mi negocio.

Trabajé 22 años en el mundo corporativo. La mayor parte del tiempo en empresas transnacionales. Había pasado la mayor parte de mi vida profesional en posiciones regionales que requerían viajar con mucha frecuencia. A finales del 2002, sentí la necesidad de buscar un trabajo que diera más espacio a mi vida personal. Acepté una oferta de una empresa local para dar balance a mi vida personal. Cuando mi ciclo en mi último empleo corporativo había terminado era diciembre del año 2008. El fundador de la empresa que yo dirigía falleció y mi visión de negocios era completamente incompatible con la de los herederos de la compañía.

En aquel momento había mucha incertidumbre en el mercado y parecía una locura iniciar un negocio propio arriesgando todos los ahorros de 22 años de trabajo. No obstante, algo en el fondo de mi alma me decía que era el momento de seguir mi sueño.

Muchas personas me decían que esperara un poco más hasta que el mercado se estabilizara y que tomara un empleo ejecutivo y postergara una vez más mi sueño de ser emprendedora.

Recuerdo estar en la terraza de mi casa con mi hermana y su esposo, contemplando la hermosa vista de las luces de las montañas, era una ventosa noche de enero, la luz de la piscina estaba encendida, el típico viento de la temporada hacía graciosos movimientos en el agua que cautivaron mi atención, el clima era muy agradable y yo estaba contándole a mi hermana mi decisión de independizarme, aunque pareciera una locura en ese momento.

Mi hermana Ceci, ha tenido un papel muy importante en mi vida. Somos dos personas muy distintas, sin embargo, hemos tenido una comunicación extraordinaria que hasta la fecha disfrutamos.

En ese instante sentí una certeza total de seguir mi sueño, a pesar de todas las opiniones de las personas que sin pedirlo me daban sus consejos.

Para el mes de mayo del año 2009 había hecho malabares financieros para contar con los recursos para comprar la franquicia de Sandler Training y me había construido una reserva financiera que cubriría todos mis gastos fijos durante 12 meses.

Como parte de mi proceso de decisión había hecho el ejercicio de imaginar el último día de mi vida, ver en retrospectiva que sería mejor: haber renunciado a mi sueño de ser emprendedora o haber perdido todos mis ahorros y tener que buscar de nuevo un empleo ejecutivo.

¿Podía vivir con el peor escenario? Claro que sí. Era mejor haber tomado el riesgo de seguir mi sueño que morir con la sensación de no haber tenido el valor para hacerlo.

Me había preparado muy bien para el peor escenario, pero no me preparé para el mejor.

En mayo del 2009 compré la franquicia de Sandler Training, en junio fui a Estados Unidos a certificarme como entrenadora e Iniciamos operaciones en julio. Empezamos a crecer rápidamente. Para este momento no existía otro jugador de clase mundial en mi país atendiendo el mercado de capacitación de ventas. El mercado era nuestro.

Producto del crecimiento acelerado de las ventas, las cuentas  por cobrar a clientes empezaron a crecer rápidamente y esto generó un problema de flujo de caja, el tipo de problema que todos queremos tener, que viene de un rápido crecimiento inesperado.

Esta situación me hizo enfrentarme con uno de mis más grandes temores: "El temor a la incertidumbre financiera". Recuerdo que habíamos logrado un contrato importante de capacitación con una empresa transnacional del sector de tecnología, no estábamos registrados como proveedores de esta empresa y la recuperación de la cuenta por cobrar tomó casi 90 días. Yo veía el saldo de mi cuenta bancaria bajar aceleradamente y por un momento me llené de dudas. ¿Me habré equivocado por seguir mi sueño en un momento tan crítico?

En ese preciso instante encendí el televisor de mi habitación y en un programa del canal Sony alguien estaba diciendo: "la mayoría de las personas abandonan su sueño minutos antes de coronar su mayor éxito". Yo miré el televisor y en broma pregunté: señor: ¿usted está hablando conmigo?

Claramente, el universo responde cuando uno pregunta. Pero no todos estamos atentos a las señales. La mayoría de las personas están dormidas y ni siquiera se dan cuenta que la vida es mágica, llena de milagros y señales que nos guían a nuestro mejor destino.

Decidí seguir adelante y empezar a estudiar con detenimiento mis creencias subconscientes. He sido una persona estudiosa que se compromete de corazón con lo que hace y emprendí este viaje de autoconocimiento con devoción y compromiso.

En mi viaje a Baltimore para certificarme como entrenadora de Sandler Training fui a una de mis librerías favoritas "Barnes & Noble" y encontré un libro del que para entonces era mi autor favorito "Wayne Dyer". El libro se llama "El Poder de la Intención". Este libro mencionaba a Bruce Lipton, autor de la Biología de las Creencias, quien a su vez mencionaba a Rob Williams un psicólogo norteamericano que diseñó un método de reprogramación de creencias.

Cuando había comprendido profundamente el tema de reprogramación de creencias me dispuse a contactarme con algún facilitador que me pudiera apoyar en el proceso.

Así fue como llegué a una persona que ha tenido una influencia muy importante en mi viaje de auto conocimiento "Astrid Fajre", quien por muchos años fue mi coach en este tema y ahora es una amiga a la que aprecio profundamente.

Han pasado más de ocho años desde que inicié mi proceso de investigación sobre el tema de creencias y fui contactándome con autores que me parecían muy importantes en este tema, hasta que llegué a contactarme con Joe Dispenza y certificarme en su programa "Neuro Change Solutions". Conocer personalmente a Joe ha sido una de las cosas más impactantes en mi vida. Tener la oportunidad de evacuar muchas dudas sobre la neuroplasticidad me permitió tener una comprensión más profunda de la que había logrado en siete años de estudio e investigación sobre el tema de creencias subconscientes.

Posteriormente decidí certificarme en Quantum University en Mapeo Cerebral y "Neurofeedback" con el Dr. Jeffrey Fannin quien fue mi mentor en el tema.

Luego desarrollé herramientas de neurofeedback utilizando frecuencias Solfeggio, frecuencias sagradas de la música utilizadas en los cantos gregorianos.

Cuando apoyo a mis clientes en el proceso de reprogramar sus creencias subconscientes muchos me preguntan si hay un libro que resuma todo este conocimiento que hoy utilizo. Esa es la razón por la que estoy sentada en un vuelo a Houston, que luego me llevará a Alberta en Canadá, escribiendo todo el conocimiento que he acumulado sobre el tema para que muchas personas tengan la posibilidad de transformar sus vidas.

Estoy convencida que todos tenemos un don que nos permitiría tener una vida extraordinaria. No obstante, la mayoría de las personas no se atreven a seguir sus sueños. Se rinden ante la duda y se conforman con "la vida que les tocó vivir" sin darse cuenta que, todos podemos crear la vida que soñamos. Este libro está dedicado a las personas que quieren comprometerse a "Sintonizar la Vida de sus Sueños".

# Parte 1: LOS SERES HUMANOS VENIMOS SIN MANUAL DE OPERACIÓN

## Capítulo 1: Programación de Creencias

Cuando estaba pequeña con frecuencia tenía la sensación que había un conocimiento importante que había sido borrado de mi memoria. Sabía que en algún lugar estaba esa información que me permitiría conectarme con mi poder ilimitado. Era como haber despertado de un largo sueño con la sensación de no recordar nada.

Conforme fui creciendo leí muchos libros de superación personal y me llamaba particularmente la atención que muchos de ellos afirmaban que solo usamos una parte muy pequeña de nuestra capacidad cerebral.

Más tarde empecé a interesarme por el tema de la neuro-plasticidad. Me parecía que ahí encontraría las respuestas a muchas preguntas.

Por otra parte, dada la situación de mi familia, buscaba tener acceso a personas que pudieran inspirarme y enseñarme cómo hacer una buena vida.

Fue así como empecé a relacionarme con uno de mis mentores, don Said Simón, el papá de mi gran amiga Suraye.

Don Said era de origen libanés, él concluyó sus estudios secundarios en el Liceo de Costa Rica, pero no continuó estudios en la universidad, ya que empezó a trabajar temprano en su vida para ayudar a su familia. Producto de su esfuerzo y disciplina don Said fue un comerciante exitoso. Tenía una tienda en el Centro de la Ciudad que se llamaba "El Centro de Novedades". La tienda era el reflejo de su excelencia y dedicación. Con las ganancias de su negocio había hecho varias inversiones en bienes raíces adquiriendo locales comerciales que le daban una renta muy interesante.

Cuando iba de visita a la casa de mi querida amiga Suraye, yo pasaba horas conversando con don Said en su maravillosa biblioteca donde encontré muchos de los libros que desarrollaron mi pasión por la lectura. Él me contaba cómo había desarrollado sus negocios y me enseñaba la importancia de la excelencia, la disciplina y el compromiso en el trabajo.

Mi infancia y juventud pasaban en medio de estos dos mundos. Por una parte, veía a mi familia viviendo en la desesperanza, sintiéndose víctimas y culpando a los demás de su realidad. Esperando que alguien los viniera a salvar.

Por otra parte, tenía el ejemplo de don Said, quien había tomado el control de su destino. Había elegido sintonizarse con la vida que soñaba y se había enfocado con disciplina y compromiso en alcanzar sus metas.

¿Qué hacía la diferencia entre estas dos formas de vivir?

Este contraste marcó mi interés por entender cómo los seres humanos creamos nuestra realidad.

**¿Conscientes o Subconscientes?**

Cuando empecé a estudiar el tema de reprogramación de creencias me sorprendió enterarme que un ser humano en promedio es 5% consciente, 95% subconsciente. Esto quiere decir que la mayoría del tiempo operamos en piloto automático. No somos conscientes de cuántas veces respiramos o cuántas veces late el corazón en un minuto. Tampoco somos conscientes de procesos como la digestión, las conexiones neuronales y muchos procesos más.

Así como todos estos procesos suceden de forma automática, también nuestros pensamientos se disparan automáticamente.

Se estima que en un ser humano promedio, el 75% de sus pensamientos son negativos. Además, estos son repetitivos y recurrentes. Están relacionados con una historia que nos contamos. Además de esta historia que nos contamos a nosotros mismos al menos el 50% es mentira.

Conocer nuestros pensamientos y de dónde provienen es muy importante para iniciar el camino del despertar de la conciencia.

Tenemos dos tipos de pensamientos: los que provienen de la intención consciente y los que vienen de la mente subconsciente.

<u>Los Pensamientos que Provienen de la Intención Consciente</u>

Los seres humanos tenemos la extraordinaria capacidad de construir desde nuestra mente consciente lo que queremos ser y lo que no queremos ser. Este proceso se conoce como "metacognición". Desde esta función de la mente consciente podemos elegir crear una realidad diferente a nuestra situación actual. El problema es que, como dije anteriormente, somos mucho más subconscientes que conscientes.

Por eso a veces decidimos hacer un cambio en nuestra vida, pero nuestros pensamientos subconscientes se interponen.

Como dice Joe Dispenza en su libro "Deja de ser Tu" las conexiones neuronales que se disparan juntas permanecen juntas.[1]

Cuando hemos tenido un pensamiento en repetidas ocasiones, las conexiones neuronales asociadas a este pensamiento se convierten en carreteras en el cerebro. Estos pensamientos impactan nuestras emociones en el cerebro límbico y este dispara químicos a nuestro cuerpo físico.

Una vez que el cuerpo físico ha recibido suficientes químicos derivados de este pensamiento, el cuerpo físico y el cerebelo creen que este pensamiento es parte de nuestra identidad. Cuando un pensamiento ya forma

---

[1] Dispenza, J. (2012). *Breaking the habit of being yourself: How to lose your mind and create a new one.* Carlsbad, CA: Hay House.

parte de nuestra identidad, pasa a ser el segundo tipo de pensamiento: el pensamiento subconsciente.

## Los Pensamientos que Provienen de la Mente Subconsciente

Cuando algo ya forma parte de nuestra identidad se dispara de manera automática. Si por ejemplo yo creo a nivel subconsciente que la vida es difícil, voy a disparar de forma automática pensamientos asociados a esta creencia. Esto puede afectar las elecciones que yo hago y sin darme cuenta elijo aquellas cosas que van a crear una realidad congruente con mi creencia limitante. Entonces llegamos a la profecía autocumplida que se deriva de las elecciones que hice a través de mi programación subconsciente.

Por eso es muy importante elegir qué información voy a introducir a mi cerebro.

Si administramos nuestra mente con disciplina y compromiso, podemos sintonizar la vida que soñamos.

Vamos a profundizar en el origen de la programación subconsciente para entender cómo podemos cambiar nuestra vida no solo a través de la intención consciente, sino también a través de la programación subconsciente.

### Programación Subconsciente

Cuando empezamos a cambiar nuestras creencias subconscientes el proceso es similar a pelar una cebolla. Quitamos una capa y siempre hay una capa más. Por eso a veces tenemos la sensación de estarnos devolviendo a creencias que considerábamos superadas. Nunca nos devolvemos, pero si debemos explorar la reprogramación al menos en cuatro niveles de creencias.

El primer nivel: Creencias Básicas:

Cuando tenemos menos de 6 años no hemos desarrollado filtros de percepción consciente. Por esta razón todas las cosas que escuchamos decir a los demás las almacenamos como verdades absolutas en nuestro subconsciente. Probablemente las personas que nos cuidan cuando estamos pequeños, tienen la mejor intención al decir cosas como "no corra, se va a caer", "la vida cuesta mucho, hay que tener una profesión y un trabajo estable", "desconfía y acertarás", "el dinero no crece en los árboles". Ni que decir de afirmaciones destructivas como "usted no sirve para nada", "que niño o niña tan inútil, es que es igualito a su papá".

Lo cierto es que estas afirmaciones limitantes quedaron grabadas y son determinantes para el desarrollo de nuestra vida. También las afirmaciones positivas.

Si en lugar de esta programación limitante nos hubieran dicho "puedes lograr cualquier cosa que te propongas en la vida", "puedes tenerlo todo", "la vida es una experiencia maravillosa", "sigue tus sueños" etc. Estaríamos programados para triunfar.

Muchos autores trabajan en el nivel de creencias básicas. Yo he facilitado reprogramaciones en más de 500 personas en este nivel básico y funciona bastante bien. Sin embargo, veo que siempre hay un nivel más profundo de reprogramación. El método Theta Healing, sugiere 3 niveles más.

El segundo nivel: Creencias a Nivel Genético

Estas son creencias que se transmiten de generación a generación. La biblia menciona las bendiciones y maldiciones ancestrales. Este concepto calza a la perfección en este segundo nivel de creencias que el método Theta Healing sugiere. Conforme profundizo en el entendimiento del comportamiento humano y la neurociencia, veo que los conceptos que se plantean en la biblia hoy pueden sustentarse científicamente. No soy fanática religiosa ni mucho menos, pero soy creyente en Dios. La neurociencia me permite explicar estos temas desde una perspectiva científica más fácil de procesar para la mayoría de las personas, indistintamente de cuáles sean sus creencias religiosas.

Cuando uno reprograma creencias en el segundo nivel o nivel genético, no solo se libera a uno mismo sino a las siguientes generaciones. Por esta razón creo que este proceso es conveniente para todas las personas comprometidas con su evolución.

El tercer nivel: Creencias a Nivel Histórico

Estas son las creencias que compartimos como seres humanos derivadas de la historia. Como especie somos responsables no solo de lo que estamos viviendo ahora sino de la historia colectiva de la humanidad. Hay conceptos que damos por ciertos solo porque "siempre han sido así". Para los que creen en la reencarnación este tema cobra aún más relevancia. Yo he practicado con la ayuda de una costarricense que radica en Denver, Adriana Sukrita, terapia de registros akáshicos y este es un método muy útil para explorar este nivel de creencias históricas. Los registros akáshicos son el libro de la vida. Es la historia de las encarnaciones que hemos vivido.

El cuarto nivel: Creencias del Alma

Este último nivel de creencias tiene que ver con el contrato que hicimos cuando decidimos venir a vivir esta experiencia. Cuando empezamos nuestro proceso de evolución consciente a veces tenemos la sensación de no calzar con algunas situaciones o con algunas personas. Si llegamos a un nivel de consciencia que nos permita cuestionar esta realidad podemos cambiar el contrato. Podemos modificar creencias en este nivel para liberarnos de aquellos acuerdos que ya no son útiles para nosotros.

Cuando comencé a comprender que firmamos un contrato para venir a esta vida y que elegimos a las personas que nos acompañarán en esta experiencia estuve enojada con mi coach Astrid por varios meses. Me negaba a aceptar que yo había escogido al menos a un par de personas que están presentes en mi vida y que representan todo lo contrario a mis valores. Con el tiempo logré comprender que esta vida es una película en la que somos los protagonistas y a la que invitamos actores de reparto, aún los villanos. Todas las personas que se cruzan en nuestra existencia traen un regalo. Aquellas que admiramos nos muestran bondades no reconocidas de nosotros mismos y las que rechazamos representan partes de nuestro lado oscuro que no hemos explorado. Así que nunca somos víctimas ni siquiera de las personas más difíciles con las que nos encontramos. Somos creadores porque las invitamos a participar de nuestra película como actores de reparto.

Cuando somos adultos, después de los 35 años, empezamos a rechazar todas aquellas cosas que no calzan con lo que creemos. En ese momento empezamos a declinar, empezamos a envejecer.

La buena noticia es que ya existen herramientas científicamente probadas para escoger la programación que queremos para nuestra mente subconsciente.

## La Paradoja del Consciente y el Subconsciente

Si la vida nos parece a veces difícil, es porque nadie nos enseñó cómo manejar nuestra mente consciente y subconsciente.

La mente consciente es la que nos permite definir nuestras intenciones. Qué queremos y qué no queremos ser.

La mente consciente reside en el neo-córtex, la parte más avanzada del cerebro humano. La que nos hace diferentes a las otras especies. Curiosamente la mente consciente tiene una capacidad de procesamiento muy limitada. Se estima que el procesador opera a 40 bits por segundo.

La mente subconsciente por su parte es mucho más simple, es rutinaria, de hábitos, obedece a una programación, pero tiene una capacidad de procesamiento de 40 millones de bits por segundo.

Como nosotros no elegimos nuestra programación subconsciente, cuando somos adultos y estamos en capacidad de tomar nuestras propias decisiones, con frecuencia saboteamos los deseos de la mente consciente.

La vida puede ser mucho más sencilla si logramos alinear los deseos de la mente consciente con la programación de la mente subconsciente.

Pensemos cuántas veces nos ponemos una meta y no somos capaces de llevarla a cabo. Por ejemplo, queremos tener una alimentación más saludable, pero cuando nadie nos ve comemos chocolates. Decimos que queremos hacer ejercicio, pero no somos capaces de levantarnos una hora más temprano todos los días. Cuántas personas tienen el sueño de iniciar su propio negocio, pero no tienen el valor de arriesgarse.

## Los Efectos de la Programación Subconsciente que no Elegimos

Para comprender mejor los efectos de la programación subconsciente sobre nuestra vida quiero compartir algunos ejemplos reales cambiando los nombres de las personas para proteger su identidad:

Sofía es maestra de educación especial. Muy competente en su trabajo y con una gran vocación para hacer milagros en la vida de sus alumnos. Una vez al año nos sentamos a conversar sobre los retos que ambas hemos enfrentado y lo que hemos aprendido.

Durante cinco años consecutivos ella me contaba sus historias de como tenía que soportar en su trabajo directores incompetentes que abusaban de su autoridad.

Esto le causaba a ella mucho enojo, porque afectaba la evolución de sus alumnos. En aquel momento ella estaba con nombramientos interinos y esto hacía que pasara de una escuela a otra todos los años.

Un día cuando por sexta vez contaba la misma historia le dije: ¿Sofía, te has dado cuenta que todos los años repites la misma historia y solo cambian los personajes? El único factor común es que siempre eres la protagonista de la historia. Ella sonrió y reconoció que estaba repitiendo el mismo patrón durante muchos años. Cuando fue consciente de su subconsciente se dio cuenta que, en lugar de ser víctima de esta situación, ella la estaba atrayendo a su vida.

Se rodeaba de figuras de autoridad incompetentes que le permitieran recrear la experiencia de su infancia y juventud. Atraemos situaciones repetidas hasta que logramos aprender la lección asociada a la situación. Los seres humanos somos adictos a nuestra forma de ser. Cada vez que repetimos un patrón, experimentamos ciertas emociones. Estas emociones liberan bioquímicos en el cerebro límbico y estos bioquímicos son adictivos. Descubrir estos patrones es fundamental para acelerar nuestro proceso de expansión de la conciencia.

Analizamos la raíz de la situación y lo que encontramos es que ella había crecido en un hogar disfuncional, donde sus padres no habían ejercido bien su autoridad sobre los hijos. Desde su punto de vista sus padres habían sido unos incompetentes. Entonces ella traía este patrón una y otra vez a su vida. Atraemos situaciones repetitivas una y otra vez y lo hacemos por adicción química.

Los estados emocionales que experimentamos producen en nuestro cerebro neuropéptidos. Estos químicos son adictivos para el ser humano. Entonces como sucede en toda adicción, siempre necesitamos un poco más del químico porque nuestro sistema se va acostumbrando a ellos.

Por esta razón atraemos muchas veces experiencias similares para seguir "disfrutando" la adicción química.

Esteban es Gerente de Ventas en una empresa del sector de tecnología. El participó en uno de mis talleres de reprogramación de creencias subconscientes. Tenía un sobrepeso muy importante, estimo que pesaba al menos

300 libras. Él tenía el deseo de bajar de peso para recuperar la figura que tenía antes de casarse. Cuando era soltero hacía mucho ejercicio y se mantenía muy bien. Cuando contrajo matrimonio siendo un hombre joven y guapo tenía la tentación de ser infiel a su esposa. Empezó a subir de peso sin ser consciente de ello porque creía que de esa forma no tendría tantas tentaciones de infidelidad.

En mi caso particular crecí en un hogar donde mis padres las pocas veces que tenían dinero lo despilfarraban de manera irresponsable. Esto provocó que enfrentáramos muchas carencias. Con frecuencia desconectaban los servicios de electricidad, teléfono y agua por falta de pago. En ocasiones no había suficientes alimentos en la casa. Cuando empecé a gozar de cierto nivel de comodidad financiera, tenía mucho temor de volver a vivir la escasez que experimenté en la infancia. Por esta razón gastaba dinero en exceso en el supermercado porque necesitaba ver la alacena llena de alimentos en mi casa. Muchas veces los alimentos vencían en la alacena y tenía que tirarlos a la basura. Subconscientemente estaba haciendo lo mismo que mis padres, despilfarrando el dinero.

## Capítulo 2: Eligiendo Nuestra Programación

**Víctimas o Creadores**

Albert Einstein decía que la decisión más importante que tomamos los seres humanos es si creemos que vivimos en un universo amigable u hostil. Todas las demás decisiones se derivan de esta creencia fundamental.

Si creemos que el universo es un lugar amigable, todo conspira a nuestro favor. Como decía Paulo Coelho en su libro El Alquimista.[2]

Desde esta perspectiva vemos la vida como un milagro, todas las cosas que nos suceden tienen un propósito mayor y están presentes en nuestra vida para darnos una enseñanza que nos conduce a un bien superior. Podemos agradecer por todas las situaciones y personas que aparecen en nuestra vida y estamos abiertos a extraer el aprendizaje. Aún las personas que nos parecen desagradables traen un regalo. Descubrir aspectos no reconocidos de nosotros mismos.

Si creemos que el universo es un lugar hostil, nos sentimos amenazados, creemos que algo malo nos puede ocurrir, que debemos protegernos y juzgamos los eventos y a las personas que están presentes en nuestra vida porque pueden hacernos daño.

---

[2] Coelho, P., Coelho, P., & Clarke, A. (1993). *The alchemist*. San Francisco: HarperSanFrancisco

Si nos creemos víctimas, vivimos culpando a los factores externos de nuestros éxitos y de nuestros fracasos. Si los factores externos son los responsables esto significa que no tenemos ningún control sobre nuestra vida.

Si por el contrario reconocemos nuestra naturaleza creadora, sabemos que creamos nuestra realidad. Si algo de nuestra vida no nos gusta, reconocemos nuestra responsabilidad en esta situación, extraemos el aprendizaje y creamos lo que queremos para nuestra vida.

Si somos creadores estamos asumiendo la responsabilidad de nuestra vida.

Entender esto me dio la respuesta a la pregunta que me hacía en mi infancia y juventud, cuando comparaba los dos modelos: el de mi familia en la que se creían víctimas de los factores externos, y el de mi mentor don Said que había elegido crear la vida que deseaba.

Asumiendo Responsabilidad

Después de casi nueve años de estudiar e investigar la reprogramación de creencias subconscientes, he llegado a la conclusión que uno de los aspectos más determinantes en la evolución del ser humano es la capacidad de asumir responsabilidad.

Mi trabajo diario me permite interactuar con muchas personas. Desde dueños de empresa hasta vendedores. Un factor común entre las personas exitosas es su capacidad de aceptar responsabilidad de sus éxitos y sus fracasos. Por el contrario, las personas más desconectadas de su poder personal tienden a sentirse víctimas de los factores externos y casi nunca asumen responsabilidad de sus éxitos y sus fracasos.

En el momento en que uno culpa a los factores externos, se está desconectando de su poder personal. Si los factores externos son responsables de una situación desagradable, entonces la persona esperará a que otro factor externo lo venga a salvar. Si reconocemos que participamos activamente en la creación de nuestra situación actual, entonces también reconocemos que tenemos el poder de cambiar la situación.

Uno de los aspectos cruciales para emprender el camino a ser la mejor versión de nosotros mismos es reconocer nuestra capacidad creadora. Si reconocemos que somos creadores, sabemos que todas las circunstancias que están presentes en nuestras vidas responden a nuestra creación consciente. Si nos creemos víctimas, pensamos que no tenemos ningún poder creativo sobre nuestra vida.

Si somos capaces de crear escasez, también somos capaces de crear prosperidad.

Si podemos crear el conflicto, entonces también podemos crear la armonía.

Si podemos crear la experiencia de soledad, también podemos crear el amor.

Si creamos la enfermedad, también podemos crear la salud.

## ¿Cómo los Seres Humanos Creamos Nuestra Realidad?

Todo inicia con el pensamiento. Un ser humano tiene en promedio 600.000 pensamientos en un día. De estos pensamientos el 75% son negativos. Si queremos dominar el arte de crear nuestra realidad, debemos observar nuestros pensamientos y comprometernos a elegir la vida que merecemos.

El Doctor Jeffrey Fannin, Ph.D. en psicología, en una entrevista para la página web "180 Nutrition" explica el proceso de creación de la realidad de la siguiente manera:

Si tenemos un pensamiento, ya sea un pensamiento deseado o uno no deseado, no importa, el principio es el mismo.

Si tenemos este pensamiento y lo sostenemos por 17 segundos y este pensamiento tiene una vibración determinada, la ley de la atracción dice que otra energía que es similar será atraída. Entonces empiezan a venir otros pensamientos. Si estoy teniendo un pensamiento negativo, un pensamiento no deseado y me mantengo pensando en él por cuatro ciclos de 17 segundos hasta alcanzar 68 segundos en total. Ahora este pensamiento ha amasado suficiente energía a través del principio llamado interferencia constructiva, ahora puede afectar partículas materiales. Así es como los seres humanos creamos la realidad.[3]

Pasamos de lo no material "el pensamiento" a lo material, afectar nuestra realidad.

Cuando comprendemos el poder de creación de realidad que tenemos los seres humanos, ya no somos víctimas sino responsables, creadores de nuestra realidad.

Ahora, ¿cómo detenemos la maquinaria de los pensamientos negativos?

A través de nuestra habilidad de observarnos, conocida como metacognición.

Si te comprometes a sintonizar la vida de tus sueños debes empezar por los pensamientos.

Si quieres crear prosperidad en tu vida debes interrumpir todos los pensamientos que no sean congruentes con la realidad que quieres crear.

La dinámica es la siguiente:

En cuanto detectamos un pensamiento incongruente con la prosperidad, observamos el pensamiento, en lugar de participar en él. Interrumpimos el patrón. Los pensamientos son conexiones neuronales. Las neuronas que se conectan juntas permanecen juntas. Las neuronas que no se conectan juntas no permanecen juntas. Si tenemos la disciplina de desconectar los pensamientos

---

[3] 180 Nutrition (Ed.). (2015, December 28). How the Law of Attraction Works; The Scientific Explanation with Dr Jeffrey Fannin. Retrieved October 01, 2016, from http://180nutrition.com.au/180-tv/how-the-law-of-attraction-works-the-scientific-explanation/

que son incongruentes con la prosperidad una y otra vez, desconectaremos el patrón de pensamiento.

Si no somos capaces de desconectar el patrón, este sucederá una y otra vez creando una descarga emocional de su misma naturaleza.

Recordemos que los pensamientos generan emociones en el cerebro límbico, estas emociones liberan químicos llamados neuropéptidos. Estos químicos son adictivos. Así que una persona que no prospera es adicta a la pobreza. Como en toda adicción se requiere disciplina y compromiso para salir de ella.

Por eso es tan importante comprometernos a sintonizar la vida que queremos y ser congruentes, interrumpiendo los pensamientos que activan la maquinaria que nos mantiene atados a las condiciones que ya no queremos en nuestras vidas.

Veamos el siguiente ejemplo:

Un vendedor se siente frustrado porque piensa que no es posible alcanzar su cuota de ventas. Su primer pensamiento negativo es "creo que me han asignado una cuota de ventas imposible de alcanzar". Este pensamiento le genera una emoción de frustración, por lo tanto, tiene una vibración asociada. Si él no es capaz de cortar este pensamiento negativo antes de terminar el ciclo de 17 segundos, este se conectará con otro de su misma naturaleza: "Si no logro cumplir mi meta probablemente perderé mi trabajo". Asumamos que el vendedor no corta este segundo pensamiento antes que culmine su ciclo de 17 segundos. Entonces surge el tercer pensamiento: "Si pierdo mi trabajo, no seré capaz de encontrar un empleo rápidamente". Si no corta este pensamiento a tiempo él se conectará con otro de su misma frecuencia vibratoria: "no voy a poder pagar mi hipoteca residencial y perderé mi casa".

Un simple pensamiento negativo en 68 segundos lleva a la persona desde el pensamiento de no creerse capaz de lograr sus metas, a sentirse sin hogar.

Cuando tenemos pensamientos negativos como estos, inmediatamente nos inundamos de emociones de baja frecuencia como por ejemplo miedo, frustración o desesperanza.

Emociones de esta naturaleza nos desconectan de nuestra verdadera naturaleza que es la abundancia y el bien.

¿Cómo hará este vendedor para sobreponerse a su estado de negatividad, donde se ve como una víctima de su empleador, que le ha asignado una cuota según él muy alta que no logrará alcanzar?

Cuando entramos en emociones bajas no tenemos nuestro mejor nivel de energía. Es más probable encontrar soluciones a nuestras preocupaciones cuando estamos en emociones elevadas como la alegría, el agradecimiento o el entusiasmo.

Ahora supongamos que esta persona ha aprendido a controlar sus pensamientos a través de la metacognición y a estar consciente de su subconsciente:

Cuando llega el primer pensamiento negativo "creo que me han asignado una cuota de ventas imposible de alcanzar", él se observa a sí mismo y en lugar de participar en el drama que está creando en su cerebro decide interrumpir el patrón mental.

Entonces esta persona decide cambiar este pensamiento inmediatamente por uno positivo: por ejemplo: "sé que puedo encontrar formas de alcanzar y superar mi cuota de ventas".

Este nuevo pensamiento le permite a la persona abrirse a nuevas posibilidades para lograr sus resultados.

Además, este nuevo pensamiento está asociado a emociones positivas que le permiten estar en un mejor nivel de energía.

Desde estas emociones elevadas estamos mucho mejor preparados para tomar riesgos, para aprovechar las oportunidades que se presentan y manifestar en nuestra vida las mejores opciones posibles.

Por otra parte, recordemos que las emociones están asociadas a químicos que se generan en el cerebro límbico. Estos químicos son adictivos, así que podemos ser adictos a emociones bajas y quedar atrapados en el drama de nuestros pensamientos, buscando cada vez experiencias más fuertes que liberen más químicos para satisfacer nuestra adicción.

Si entendemos que creamos nuestra realidad y nos comprometemos a estar conscientes de nuestros pensamientos, empezamos el camino de recuperar el poder personal.

Cuando hablo de este tema en mis entrenamientos muchas personas me preguntan ¿qué podemos hacer para mantenernos positivos?

Yo les contesto con una pregunta ¿qué tipo de información están introduciendo a su cerebro?

Asumir responsabilidad sobre la calidad de información que introducimos a nuestro cerebro es fundamental para sintonizar la vida que soñamos. ¿Qué medios de información utilizamos? ¿Qué música escuchamos? ¿Con qué personas nos relacionamos? ¿Qué libros leemos? Estas elecciones nos conectan a una de las dos frecuencias: la frecuencia del miedo o la frecuencia de expansión (también me refiero a ella como la frecuencia del amor).

## ¿Miedo o Expansión?

Retomando lo que decía Albert Einstein sobre la elección más importante que hacemos en la vida: creer que el universo es amigable u hostil, esta elección nos mantiene en una de las dos frecuencias. Si elegimos la frecuencia del miedo, donde creemos que el universo es hostil, entonces buscamos información y experiencias que fortalezcan nuestra vibración de miedo. Vemos las noticias fatalistas llenas de sucesos y tragedias para recordar quienes creemos ser, personas inseguras viviendo en un universo hostil. Escuchamos música llena de drama, nos rodeamos de personas negativas que refuerzan nuestras creencias. Si vemos una película elegimos una de violencia.

Cuando explico esto las personas me dicen: ¿entonces cómo nos enteramos de la realidad nacional e internacional si no vemos las noticias? Yo respondo con una pregunta: ¿ustedes creen que las noticias realmente revelan la realidad nacional e internacional?

Si por el contrario elegimos la frecuencia de expansión donde nuestra elección es creer en un universo amigable buscaremos información y experiencias que fortalezcan esta vibración. Buscamos lecturas habilitadoras, personas positivas, escuchamos música que nos mantenga positivos, vemos películas habilitadoras y atraemos las mejores opciones a nuestras vidas.

## Elecciones Libres o Pactos Subconscientes

Como mi trabajo me ha obligado a viajar con mucha frecuencia, mis amigos están en todas partes. Hace un año, visitando a uno de mis clientes más importantes en Lima, tuve la oportunidad de conocer a una respetable Psicóloga de alrededor de 60 años. En una conversación con ella aprendí algo que me parece relevante compartir.

Cuando vivimos en la frecuencia del miedo hacemos pactos subconscientes. Cuando vivimos en frecuencia de expansión hacemos elecciones libres. Esta enseñanza me hizo reflexionar sobre las decisiones más importantes que he tomado en mi vida. Traté de separar estas decisiones en las dos categorías: las que tomé desde la frecuencia del miedo, aún sin darme cuenta, y las que tomé desde la frecuencia de expansión. Sin excepción, todas aquellas decisiones que, por ser tomadas desde la frecuencia del miedo, eran pactos subconscientes que al final del camino terminaron mal. Por el contrario, todas aquellas decisiones que tomé desde la frecuencia de expansión y que por lo tanto constituían elecciones libres, trajeron consecuencias muy positivas para mí.

Ahora cada vez que quiero tomar una decisión, me pregunto primero: ¿Estoy en la frecuencia de expansión o estoy en la frecuencia de miedo?

Pensemos cuántas veces en la vida nos hemos quedado en un trabajo que no amamos, en una relación de pareja que ya no corresponde a nuestro nivel actual de vibración, con una amistad que no es habilitadora para nosotros. Cuántas veces no hemos seguido nuestros deseos del alma por temor a fracasar.

Deseos del Ego o Deseos del Alma

En algunos de mis entrenamientos me gusta hacer este ejercicio. Les digo a los participantes que por un momento supongan que le he girado a cada uno de ellos un cheque de $10 millones de dólares. Considero que con esta cifra la mayoría de las personas se sentirían suficientemente cómodas para vivir sin restricciones financieras el resto de su vida. Luego les pido que piensen, al día siguiente de haber recibido esta cifra, ¿qué harían? ¿Se dedicarían a lo mismo que hacen hoy o harían algo completamente diferente? Normalmente un 20% de las personas dicen que harían lo mismo que hacen hoy de manera diferente, pero alrededor del 80% de las personas responde que harían algo completamente distinto. Cuando les pregunto por qué no se dedican ya a seguir los deseos de su alma, responden que hasta que terminen de cumplir algunas de sus responsabilidades: pagar la hipoteca de su casa, la educación de sus hijos etc.

Quiere decir que las personas esperan a seguir los deseos del alma hasta que han completado los deseos del ego. No quiero decir que no es importante cumplir las obligaciones de la vida. Lo que quiero decir es que podemos cumplirlas y hacer muchas cosas más si nos conectamos con los dones que tenemos.

Lo más curioso es que las personas tienen mucha más probabilidad de triunfar haciendo lo que aman que teniendo un empleo que les permita pagar sus cuentas.

Por otra parte, en estos tiempos de incertidumbre se estima que una persona permanece en promedio tres años en un empleo. Cada vez son menos las historias de personas que pasan toda su vida en un mismo trabajo. Sin embargo, creemos que hay más estabilidad en un empleo en el que pueden prescindir de nosotros en cualquier momento que en una actividad propia donde somos dueños de nuestro destino.

Steve Siebold en su libro "How Rich People Think" (Cómo Piensan los Ricos) muestra las 21 formas de pensar de los ricos. Una de las diferencias entre los ricos y las personas comunes, es que las personas comunes ganan dinero haciendo algo que no les gusta, las personas ricas siguen su pasión. [4]

Todos tenemos un propósito en la vida y cuando alineamos nuestro propósito o misión con nuestro medio de sustento, tenemos muchas más probabilidades de triunfar.

Cuando optamos por un trabajo que no amamos, solo para pagar las cuentas, ¿en qué frecuencia creen que operamos? ¿En la frecuencia del miedo o en la frecuencia de expansión?

Por supuesto en la frecuencia del miedo.

Por eso no me sorprende ver que las personas que están en un trabajo que no aman, en su mayoría sienten miedo de ser despedidos. Si la elección de estar y permanecer en ese trabajo vino de la frecuencia del miedo, naturalmente vamos a atraer frecuentemente pensamientos de la misma naturaleza.

---

[4] Siebold, S. (2010). *How rich people think*. United States: London House

Por el contrario, las personas que hemos elegido seguir nuestra pasión desde la frecuencia de expansión, vemos el mundo a través de la oportunidad. Si la decisión de dedicarnos a lo que hacemos vino de la expansión, atraemos pensamientos y emociones de la misma naturaleza.

## Capítulo 3: Técnicas de Reprogramación de Creencias

**Alineando los deseos de la mente consciente con la programación de la mente subconsciente**

Como mencioné anteriormente, un ser humano promedio es 5% consciente y 95% subconsciente.

Esto significa que por más que tengamos intenciones claras en nuestra conciencia, la programación del subconsciente es determinante en que logremos o no concretar nuestra intención consciente.

Si la programación de nuestro subconsciente está alineada con la intención consciente será fácil concretar nuestros deseos.

Si por el contrario la programación del subconsciente no está alineada con la intención consciente, aunque tengamos una clara intención, nuestro subconsciente se interpondrá en el logro de nuestras metas.

Por eso es muy importante entender que las dos mentes hablan lenguajes completamente diferentes.

Para alinear ambas mentes necesitamos traducir a nuestro subconsciente las intenciones de nuestra mente consciente.

Rob Williams creador del método de reprogramación de creencias Psych-K, en su libro "Psych-k The Missing Piece/Peace in Your Life" (Psych-k La Pieza Perdida /Paz en Tu Vida) señala las siguientes diferencias entre mente consciente y subconsciente:

La Mente Consciente

- Establece metas y juzga resultados.

- Piensa de manera abstracta, le gusta lo nuevo, ideas creativas y actividades.

- Apegada al tiempo: Enfocada en el pasado y futuro. Frecuentemente busca nuevas maneras de hacer las cosas basada en experiencias pasadas y metas futuras.

- Memorias de corto plazo: Alrededor de 20 segundos en un ser humano promedio.

- Capacidad limitada de procesamiento: procesa en promedio 2000 bits de información por segundo y es capaz de manejar solo muy pocas tareas a la vez.

La Mente Subconsciente

- Es Habitual: Monitorea la operación del cuerpo, incluyendo funciones motoras, latidos del corazón y digestión.

- Piensa literalmente: Conoce el mundo a través de los cinco sentidos (vista, oído, tacto, gusto y olfato).

- Memoria de largo plazo: Almacena experiencias pasadas, actitudes, valores y creencias.

- Sin Tiempo: Se enfoca solo en el momento presente. Usa el aprendizaje del pasado para desempeñar funciones actuales como caminar, hablar, manejar un vehículo y otras.

- Capacidad de procesamiento expandida: procesa en promedio 40 millones de bits de información por segundo y puede hacer miles de tareas a la vez.[5]

Entendiendo la diferencia de lenguajes de las dos mentes, es claro que nadie nos enseñó cómo traducir al subconsciente los deseos de la mente consciente. Esto significa que nos esforzamos por alcanzar nuestras metas usando nuestro reducido procesador de 40 bits por segundo y desde el 5% de nuestra capacidad. Por esta razón es que muchos piensan que la vida es difícil. Ahora vamos a saber cómo lograr nuestros deseos usando el procesador de 40 millones de bits por segundo y con el 100% de nuestra capacidad. Esto es eligiendo lo que queremos desde nuestra mente consciente e instruyendo al subconsciente para que obedezca a los deseos de nuestra intención consciente. Me pregunto por qué no nos enseñan esto en nuestro primer día de escuela. Tal

---

[5] Williams, R. M. (2004). *PSYCH-K: The missing peace in your life.* Crestone, CO: Myrddin Publications.

vez es porque es más fácil administrar gente dormida que gente despierta.

Desde el pequeño procesador de la mente consciente, pero aprovechando la destreza de metacognición que es la capacidad de observarnos, instruimos a la mente subconsciente para que ella con su mega procesador de 40 millones de bits sirva a los deseos de la mente consciente.

Si la mente consciente es abstracta y la subconsciente es literal entonces necesitamos explicarle a la mente subconsciente en el lenguaje de los sentidos lo que implicaría que la meta abstracta del consciente sucediera en nuestra vida.

Por otra parte, la mente consciente es temporal (pasado, presente y futuro) y la mente subconsciente es atemporal. Esto quiere decir que necesitamos decirle al subconsciente que nuestra meta ya ha sido alcanzada. Imaginarnos como si ya estuviera presente aquí y ahora.

**Ejercicio para alinear la mente consciente con la mente subconsciente**

- Elija un deseo muy importante que hasta la fecha no ha logrado convertir en parte de su realidad. Puede ser una relación de pareja plena, tener su propio negocio, bajar de peso, tener una vida saludable o cualquier otra cosa.

Ahora empiece a imaginar con toda la intensidad posible que usted ya logró este deseo, involucrando los cinco sentidos:

- Imagine visualmente cómo sería su nueva vida, involucre colores, luz y todo lo que haga vívida esta imagen.
- Involucre un aroma que represente esta nueva forma de vivir. Preferiblemente un aroma que usted asocie con esta meta.
- Piense en la sensación de tocar algo que sería parte de su nueva realidad.
- Ahora incluya un sabor que formaría parte de esta experiencia
- Ahora póngale una temperatura.
- Involucre sonidos como palabras, música etc.
- Póngase en una posición cómoda, e imagine su nueva realidad como si fuera parte de su presente, con toda la intensidad posible, involucrando sus cinco sentidos.
- Cuando haya sentido con todas sus fuerzas que esto forma parte de su realidad puede dar por concluido el ejercicio y abrir los ojos.

En el capítulo 8 Pensamientos y Emociones comento lo que propone Gregg Braden en su libro "Secrets of the Lost Mode of Prayer" (Secretos de la Forma Perdida de Orar).

Nuestro cerebro no distingue cuando imaginamos algo o cuando lo estamos viviendo en la realidad. Las mismas redes neuronales se encienden si vivimos una situación que si la imaginamos. Lo que acabamos de hacer e instruir al subconsciente en su propio lenguaje para que perciba esta situación como si fuera realidad. De esta forma nuestros deseos de la mente consciente están alineados con la programación del subconsciente.

Les comparto cómo he aplicado esta técnica para lograr algunos deseos de mi mente consciente.

<u>La Compra de mi Centro de Entrenamiento</u>

Cuando empecé mi propio negocio en el año 2009 decidí instalar mis oficinas en un Centro de Negocios al oeste de la ciudad. Gracias a mi formación en mercadeo, trato de lograr mucha congruencia con los valores de la marca que represento. Por lo tanto, pensé que, si Sandler enseña a las personas y empresas a mejorar sus ingresos, no podía tener mi negocio en un lugar que no representara los valores de la marca. Un año después vi la necesidad de tener mi propio centro de entrenamiento y renté un espacio de 130 metros cuadrados en Avenida Escazú, el lugar que en mi opinión hacía congruencia total con lo que enseñamos. Es un lugar que agrupa oficinas de lujo, restaurantes y tiendas de alto perfil. Con parqueo suficiente para mis clientes que normalmente contratan capacitación para grupos de alrededor de 25 personas.

Para el año 2013 el espacio era completamente insuficiente y necesitábamos un local con al menos 280 metros cuadrados y con tres salones para poder atender en simultáneo varios grupos. El precio del arrendamiento de un local con estas características para mi gusto era demasiado alto, así que decidí analizar la posibilidad de comprar un local y así en el futuro el arrendamiento de este local formaría parte de mi plan de retiro.

Cuando conversé con la vendedora del proyecto ella me indicó que ellos no vendían menos de 1000 metros cuadrados. Desde ningún punto de vista era conveniente para mí comprar un espacio tan grande. Así que decidí utilizar mis conocimientos de reprogramación de creencias para lograr mi objetivo, en lugar de discutir con los responsables del proyecto.

Empecé a imaginar con toda intensidad el día de la inauguración de mi nuevo centro de entrenamiento. Me imaginé cortando la cinta. Escuché las palabras de mi cliente más querido contando cómo a través del entrenamiento Sandler había transformado su negocio. Imaginé el aroma de vainilla que pondría en la oficina. Imaginé el sabor del champagne y la textura de las burbujas, imaginé la sensación de tocar los muebles nuevos.

Un par de días después me visitó la vendedora para darme la buena noticia que el administrador del proyecto había autorizado una excepción para que pudiéramos comprar el local ya que atraíamos un perfil de clientes acorde con lo que este proyecto busca.

Hace casi dos años nos mudamos al centro de entrenamiento propio. Lo más cómico es que no hemos tenido tiempo de organizar la inauguración del nuevo sitio.

## El Logro de los Resultados Anuales

Hace alrededor de 20 años yo trabajaba como Gerente de un distribuidor de una prestigiosa empresa norteamericana de software. Tenía a cargo un equipo de ventas de 5 personas y contábamos con un respetable equipo de consultores de implementación de alrededor de 35 personas. Nuestro cierre anual era 31 de octubre. En el mes de agosto estábamos muy lejos de cumplir nuestra meta de ventas. Había muchas oportunidades de negocio cerca de concretarse, pero el tiempo transcurría y estábamos preocupados de no lograr nuestros objetivos. En aquellos días había leído un libro que mencionaba el involucrar los cinco sentidos para lograr algún objetivo. Aunque en aquel momento yo no conocía nada sobre el tema de reprogramación de creencias, me dispuse a probar lo que sugería el libro. Le dije a mi equipo de ventas que si lográbamos la meta yo haría una fiesta de celebración en mi casa. Yo vivía en mi primera casa que estaba ubicada al oeste de la ciudad. Empezamos a imaginar la fiesta con todos los detalles, el aroma del asado, el sonido de la música, la sensación de caer en la piscina, el sabor de la carne asada, etc. Para el último día del mes de octubre estábamos todos los responsables del área de ventas en los diferentes países de la región. Ese día firmamos todos los contratos que estaban en proceso de negociación. Logramos el 99% de la meta. Hicimos la celebración tal y como estaba planeado.

## El Poder de la Intención Consciente

Aunque soy una fiel creyente del poder del subconsciente, reconozco también el poder de la intención consciente.

En el año 2010 vi por primera vez el video "What the Bleep do We Know!?". En mi opinión es uno de los mejores documentales para aquellas personas que están interesadas en recuperar su poder personal. En una escena del video, el Dr. Joe Dispenza, a quien admiro profundamente, menciona una técnica para crear nuestro día intencionalmente[6]. (Betsy Chase, 2005). Hace algunos meses hice mi propia versión de programación de mi día y me ha dado extraordinarios resultados. Mi versión dice: Yo creo mi día intencionalmente para _____ y le pido al universo que me envíe una señal de que me escuchó. Hago esto siempre al iniciar el día y es impresionante ver cómo el universo responde.

---

[6] Chase, B., & Vicente, M. (Directors). (march 15, 2005). *What the bleep do we know!?* [Motion picture on DVD]. 20th Century Fox.

Aún pequeñas señales nos muestran que tenemos la capacidad de crear desde la intención consciente.

## Estableciendo Metas

Aunque establecer metas es un proceso simple y gratuito, solo el 1% de la población mundial escribe sus metas. Esto me recuerda el viejo refrán que dice: "para el que no sabe dónde va, cualquier camino es bueno".

Establecer metas ayuda a configurar la intención consciente. Esto sucede en el sistema de activación reticular, que se encuentra en el tallo cerebral.

Cuando escribimos nuestras metas, nuestros filtros de percepción consciente empiezan rápidamente a detectar todas las oportunidades para que logremos nuestra meta.

Pensemos por ejemplo en la última vez que quisimos cambiar de vehículo. En cuanto uno decide cuál vehículo quiere comprar, empieza a ver muchos vehículos similares en la calle.

Esto sucede porque nuestro subconsciente recibe alrededor de 40 millones de estímulos por segundo, pero solamente somos conscientes de alrededor de 2000. ¿Quién toma la decisión de cuáles serán los dos mil estímulos de los que tendremos consciencia? Vemos aquello que es congruente con lo que creemos y también aquello que nos parece vital para sobrevivir.

Cuando escribimos metas configuramos el sistema de activación reticular con nuestra intención consciente.

Esto permite que detectemos todas las oportunidades necesarias para que nuestra meta suceda. De manera tal que, de los 40 millones de estímulos que recibe nuestra mente subconsciente, podamos identificar conscientemente los necesarios para lograr nuestra meta.

Personalmente uso esta técnica para cosas simples como por ejemplo alcanzar mi meta anual de ventas y utilidades en mi empresa o cualquier otra meta personal. Pero si quisiera lograr la paz mundial, buscaría otro tipo de técnica.

**Parte 2: LA CAPACIDAD DE ESCUCHAR**

## Capítulo 4: Estar Presente

En el año 2004 leí por primera vez el libro de Eckhart Tolle, El Poder del Ahora. En el 2014 lo leí nuevamente y fue cuando realmente comprendí la importancia de estar presente[7].

Los seres humanos desplazamos nuestro pensamiento en el tiempo lineal. Según un estudio de Matt Killingsworth, en su tesis doctoral en la Universidad de Harvard, el ser humano pasa alrededor del 47% del tiempo pensando en algo diferente a lo que está haciendo en el momento. El estudio demuestra que hay una correlación entre estar presente y el nivel de felicidad que experimentamos[8].

Nos desplazamos compulsivamente hacia el pasado y hacia el futuro. Al pasado vamos con arrepentimiento y culpa, al futuro vamos con miedo y ansiedad. Aunque sabemos que desplazarnos con el pensamiento en el tiempo lineal nos causa infelicidad lo hacemos todo el tiempo.

He estudiado el tema de estar presente con mucho detenimiento porque parte de mis entrenamientos Sandler incluyen la escucha activa. Es imposible hacer

---

[7] Tolle, E. (1999). *The power of now: A guide to spiritual enlightenment.* Novato, CA: New World Library.
[8] Killingsworth, M. (n.d.). Want to be happier? Stay in the moment. Retrieved October 01, 2016, from https://www.ted.com/talks/matt_killingsworth_want_to_be_happier _stay_in_the_moment?language=en

verdadera escucha activa si primero no aprendemos a estar presente.

El siguiente ejemplo nos ayudará a comprender la relación entre estar presente y aprender a escuchar.

Isabel está en su primer día de trabajo. Ella no conoce personalmente a su jefe ya que el proceso de entrevistas fue telefónico porque ella vivía en otra ciudad. Su jefe la cita el primer día de trabajo a una reunión donde le explicará detalladamente las responsabilidades de su puesto. Cuando Isabel ve a su jefe Andrés por primera vez, éste le recuerda a su padre. El padre de Isabel era un hombre autoritario, temerario y con una voz fuerte. Andrés, igual que el padre de Isabel habla con un tono de voz fuerte. Isabel empieza a relacionar a Andrés con su padre, recuerda la forma autoritaria en que su padre se dirigía a ella cuando era apenas una niña. Ella empieza en su mente a recordar las experiencias desagradables que vivió en su infancia producto de la forma de ser de su padre. La conversación con su jefe transcurre hasta que Isabel se da cuenta que tiene varios minutos totalmente ausente de la conversación. Ella se estaba desplazando al pasado, recordando a su padre y estaba imaginando cómo iba a ser su futuro con su jefe que ahora ella considera es probablemente un hombre autoritario y temerario como lo era su padre. El jefe le pregunta si tiene alguna duda sobre la descripción de su puesto y ella no sabe que responder porque no recuerda ni media palabra de lo que dijo su jefe.

Haberse desconectado de la situación la limita a cumplir las responsabilidades asignadas porque, aunque físicamente estuvo participando de la reunión, en realidad no estuvo presente.

## Meditación y Estar Presente

Joe Dispenza en su libro "Deja de ser Tu" se refiere a la meditación como "familiarizarse con el momento presente"[9]. Esto desmitifica el tradicional concepto de meditación que tiene la mayoría. Cuando nos dice esta palabra probablemente nos imaginamos en El Tíbet con una bata blanca y sandalias.

Si meditar es familiarizarse con el momento presente, esta destreza es fundamental para poder observarnos a nosotros mismos cuando hacemos el proceso de metacognición que mencioné en el capítulo 1: Programación de Creencias.

Si estamos presentes, podemos detectar cuándo se activan los pensamientos que ya no queremos que formen parte de nuestra forma de ser.

Andy Puddicombe, en un video de TED que se llama "Basta con 10 Minutos de Consciencia" sugiere que empecemos por tratar de estar presentes 10 minutos al día[10].

---

[9] Dispenza, J. (2012). *Breaking the habit of being yourself: How to lose your mind and create a new one.* Carlsbad, CA: Hay House.
[10] Puddicombe, A. (n.d.). All it takes is 10 mindful minutes. Retrieved October 01, 2016, from
https://www.ted.com/talks/andy_puddicombe_all_it_takes_is_10_

Muchas personas que acuden a mi Centro de Entrenamiento me dicen que pasan tan ocupadas que no encuentran 10 minutos para practicar estar presentes.

Si usted es una de esas personas que no encuentra 10 minutos para practicar algo que mejorará su felicidad le sugiero algunas de estas prácticas:

1. Convertir el baño diario en una experiencia.

   Todos tardamos al menos 10 minutos bajo la regadera. En lugar de hacer este proceso mecánicamente podemos convertir este momento en una experiencia de estar presente. En lugar de pensar en todo lo que tenemos que hacer durante el día nos concentramos en la sensación de las gotas de agua que caen en nuestro cuerpo, sentimos la temperatura del agua, el aroma del jabón, cerramos los ojos y disfrutamos este momento como si se tratara de un ritual.

2. Escuchar nuestra canción favorita.

   Si conducimos para ir al trabajo podemos aprovechar para escuchar nuestra música favorita. Concentrarnos en la melodía, sentir los bajos, los agudos conectarnos con la música, sentir la energía del compositor que hizo la melodía. Disfrutar la música como si no existiera nada más a nuestro alrededor.

mindful_minutes?language=en

3. Contemplar la lluvia

   En mi caso vivo en un país donde hay lluvia 8 meses al año. Si usted vive en un lugar donde llueve con frecuencia, permitirse 10 minutos para contemplar la lluvia caer, escuchar el sonido de la lluvia, el aroma de la tierra mojada, apreciar el milagro de la naturaleza.

4. Ver las nubes en el cielo

   Concentrase en las nubes observando sin juzgar las formas que se construyen en el cielo es otra forma de estar presente.

Estos son solo algunas de las formas más sencillas que podemos utilizar para desarrollar nuestra habilidad de estar presentes. Están al alcance de todos. Solo requerimos la voluntad y la disciplina para dejar de vivir como robots manejados por nuestro subconsciente para empezar a vivir la vida como la experiencia maravillosa que es.

## Capítulo 5: La Importancia de no Juzgar

Algo que aprendí rápidamente cuando empecé el negocio de Sandler es la importancia de escuchar. Como persona estudiosa tenía mucho que decir. Había acumulado bastante conocimiento tanto por la vía de la formación académica, como por la lectura y experimentación de diferentes técnicas aprendidas.

Me costaba mucho adaptarme a la nueva costumbre de escuchar mucho más de lo que hablamos.

Cuando en el entrenamiento me dijeron que debería callarme y escuchar, mi primera reacción fue buscar la fila donde se podía reclamar el dinero de la inversión de compra de la franquicia de Sandler Training. Como no había fila para devolución del dinero tuve que aprender a escuchar. Esto ha sido uno de los más grandes beneficios que he obtenido de involucrarme en este negocio.

Empecé a estudiar con devoción el tema de la escucha activa y también empecé a experimentar en mi negocio los beneficios de aprender a escuchar a mis clientes.

Una de las barreras que enfrentamos cuando tratamos de escuchar es el juicio que hacemos sobre la persona que está hablando. Tendemos a juzgar a las personas basándonos en nuestra experiencia anterior. Nuestro cerebro ve lo que cree que es cierto. Nuestros filtros de percepción consciente determinan qué parte de toda la información que nuestro cerebro recibe, seremos capaces de almacenar conscientemente. Esto quiere decir que, ante determinada persona, si pusiéramos a otras 5 personas a observarla, cada quién haría un juicio completamente distinto sobre la persona. Depende de su experiencia personal y de sus filtros de percepción consciente. ¿Quién de todos tiene la razón? Todos y ninguno.

## El Lado Oscuro

Una de las grandes lecciones que este proceso de investigación sobre creencias y auto conocimiento me ha dado, es comprender que las cosas que juzgamos en los demás son debilidades no reconocidas de nosotros mismos y las cosas que admiramos en los demás son fortalezas no reconocidas en nosotros.

La siguiente vez que te enfrentes a una persona y empieces a juzgarla te sugiero que te hagas la siguiente pregunta: ¿Cuál es el aprendizaje que debo recibir de esta persona? ¿Qué aspecto no reconocido de mí persona me estará tratando de mostrar?

La próxima vez que te encuentres con una persona a la que admiras y empieces a apreciar sus cualidades te sugiero que te hagas las siguientes preguntas: ¿Cuál es el aprendizaje que debo recibir de esta persona? ¿Qué fortalezas no reconocidas en mí mismo me está mostrando esta persona?

Todos tenemos partes no reconocidas de nosotros mismos. Muchos autores se refieren a este tema. Carl Jung se refirió a este concepto como el lado oscuro.

A lo largo de muchos años de lectura e investigación, sesiones de coaching y programas de capacitación de primer nivel en los que he participado, he comprendido que el lado oscuro se forma cuando dejamos partes de nuestra personalidad rezagadas.

En mi caso personal, como explicaré en el capítulo 7 "Escuchando al Cuerpo", dejé rezagada mi vulnerabilidad femenina cuando mi padre perdió su vista y decidí hacerme cargo de todo a muy temprana edad. A veces dejamos estas facetas de nosotros mismos de lado para poder seguir avanzando en la vida. Pero tarde o temprano necesitamos integrarlas para poder ser seres completos.

Debbie Ford dice que cuando señalamos a alguien con el dedo para juzgarlo, un dedo señala a la persona que estamos juzgando y el resto de los dedos nos señalan a nosotros mismos[11].

Estamos muy condicionados a juzgar.

Cuando hablo de no juzgar no me refiero solamente al juicio que hacemos sobre las personas. Me refiero también al juicio que hacemos sobre las situaciones que suceden en nuestra vida.

Típicamente juzgamos como negativas aquellas situaciones que son diferentes a nuestras expectativas. Si

---

[11] **Chopra, D., Ford, D., & Williamson, M. (2010).** *The shadow effect: Illuminating the hidden power of your true self.* **New York: HarperOne.**

las cosas no salen según lo planeado, las vemos como algo negativo. Tendemos a ser controladores y queremos que todas las cosas salgan exactamente como las planeamos. Si no salen según lo planeado consideramos que fracasamos.

Steve Jobs, en su discurso en la graduación de la Universidad de Stanford en el año 2005, menciona la importancia de unir los puntos hacia atrás. Él cuenta su historia personal a través de tres momentos muy importantes en su vida. Primero cuando su madre biológica decide darlo en adopción, luego sus presuntos padres adoptivos querían una niña y deciden no adoptarlo por ser un niño. Después los que resultaron ser finalmente sus verdaderos padres adoptivos no tenían estudios universitarios. La madre biológica de Steve Jobs quería que el fuese adoptado por padres con educación universitaria para que pudieran darle una buena vida. Finalmente, su madre biológica accede a entregarlo a sus padres adoptivos, cuando estos se comprometen a darle educación universitaria.

Sus padres adoptivos toman los ahorros de toda su vida para enviarlo a la Universidad de Reed. Steve Jobs no ve ningún valor en lo que aprende en la Universidad y mucho menos cómo esto lo ayudaría a lograr sus sueños. Él decide retirarse de la Universidad y empieza a tomar clases de temas que verdaderamente le interesan. Toma clases de caligrafía y este tema le apasiona. Este conocimiento años después resulta clave para la tipografía de las computadoras Mac.

Años después cuando Apple ya es una gran empresa, Steve Jobs es despedido.

Jobs contrata a un alto ejecutivo para que lo apoye en el desarrollo de la empresa y después de un año tienen fuertes divergencias de criterio. El consejo directivo en acuerdo con este ejecutivo contratado por Jobs, deciden que lo mejor es separarlo de su cargo en la compañía.

Este desafortunado evento lleva a Jobs a uno de los períodos más creativos de su vida. Forma Next y Pixar, empresa productora de Toy Story. Apple compra Next y Steve Jobs regresa a Apple.

Años después a Steve Jobs le detectan un cáncer de páncreas que inicialmente logra superar.

Cuando Steve Jobs hace su discurso en Stanford en el año 2005 habla de este acontecimiento y dice las palabras más inspiradoras que he escuchado:

"Tienes que encontrar qué es lo que amas. Esto vale tanto para tu trabajo como para tus amantes. El trabajo va a llenar una gran parte de tu vida. La única forma de estar realmente satisfecho, es hacer lo que consideras un trabajo genial y la única forma de tener un trabajo genial es amar lo que hagas. Si aún no lo has encontrado sigue buscando. No te conformes. Como todo lo que tiene que ver con el corazón, lo sabrás cuando lo hayas encontrado y como pasa en todas las relaciones geniales, las cosas mejoran y mejoran conforme pasan los años. Así que sigue buscando, no te conformes."

"Tu tiempo es limitado, así que no lo gastes viviendo la vida de alguien más. No te dejes atrapar por el dogma, que es vivir según los resultados del pensamiento de otros. No dejes que el ruido de las voces de los demás ahogue tu propia voz interior. Lo más importante, ten el coraje de seguir a tu corazón y a tu intuición, de algún modo ellos ya saben lo que tú realmente quieres ser. Todo lo demás es secundario"[12].

Muchos eventos de nuestras vidas, cuando suceden nos parece que no tienen ningún sentido. Sin embargo, cinco o diez años después cuando los vemos en retrospectiva, nos damos cuenta que fueron lo mejor que nos pudo haber pasado.

Muchas personas inician su propio negocio después de haber sido despedidos de una empresa. En el momento el despido se ve como algo negativo, años después le preguntamos a esta persona que significó este evento en su vida y nos dice que fue lo mejor que pudo haberle sucedido.

Después de escuchar este conmovedor discurso de Jobs, decidí ver todas las cosas que suceden en mi vida como

---

[12] Jobs, S. (n.d.). How to live before you die. Retrieved October 01, 2016, from
https://www.ted.com/talks/steve_jobs_how_to_live_before_you_di
e

un regalo. Veo la vida como un milagro. Un viaje mágico lleno de señales que nos guían a nuestro mejor destino.

Aprendí a escuchar a las personas, pero también aprendí a prestar atención a las señales. Esto cambió por completo la forma en que veo la vida.

## Capítulo 6: Seguir las Señales

Cuando empezamos a ver la vida como un milagro nos abrimos a escuchar las señales. No me refiero a escuchar solamente con los oídos sino a un concepto de escucha mucho más integral que va más allá de los sentidos.

A veces estamos pidiendo guía sobre una situación en particular y "casualmente" nos sentamos a la par de una persona que nos da un mensaje clave que responde a la guía que pedimos. O simplemente caminamos por el pasillo de una librería y salta a nuestra vista un libro que tiene la respuesta que estamos buscando. O la película que vemos, la canción que estamos escuchando. Las señales están en todas partes, pero hemos perdido la destreza de escuchar.

Comparto algunas historias que ayudan a comprender la relevancia de seguir las señales.

### De Regreso a su País

Una buena amiga estaba considerando dejar su trabajo para regresar a su país de origen. La razón por la que estaba pensando en regresar a su tierra era que su esposo había conseguido una oportunidad de trabajo allá. Cuando ella inició su proceso de retorno una serie de señales empezaron a suceder. Salió su naturalización en el país en el que trabajaba. Salió el reconocimiento de sus títulos profesionales que habían tardado años, aspecto que era importante para maximizar sus ingresos en su trabajo actual. No logró vender su casa por lo que debió rentarla. Para mí era evidente que había muchas señales para que no se fuera. Ella ignoró todas las señales. Su esposo se había regresado varios meses antes para asumir su nuevo empleo. Cuando ella regresó a su país, dos meses después su esposo le pidió que se separaran y finalmente se divorciaron.

## Tomar otro Camino

Un colaborador de mi empresa iba camino al trabajo. Tuvo una sensación que le indicaba tomar una ruta que lo desviaba de su trayecto normal. La desviación implicaba devolverse y pasar por un sitio donde habría congestión de tráfico. Si alguna vez has estado en Costa Rica sabrás que nuestra infraestructura vial tiene 40 años de rezago. Nadie en su sano juicio tomaría la decisión, en una hora pico, de seguir su intuición para retrasarse en la hora de llegada a su trabajo y para meterse en la congestión de tráfico. Cuando tomó la ruta que su intuición le indicó, encontró a su abuela en medio de la acera, esperando que le abrieran la puerta de una sala de belleza. Tenía más de una hora de estar esperando y nadie salió a recibirla. La señora tiene 80 años y tiene dificultades para caminar y problemas de equilibrio. Si mi colaborador hubiese ignorado su intuición probablemente su abuela habría sufrido un serio accidente.

## Cancelación de Viaje

En el año 2007, cuando trabajaba como Directora General de una Corporación Centroamericana, debía hacer un viaje a Tegucigalpa. Surgió un asunto familiar de última hora. Alguien de la familia que estaba próximo a contraer matrimonio me pidió la casa para hacer una actividad el día que se supone yo regresaría a Costa Rica. Tuve la sensación qué debía cambiar la fecha de mi viaje. Decidí cambiar la fecha para la semana siguiente. El día que yo originalmente debía volar a Tegucigalpa, justo el vuelo que yo iba a tomar tuvo un accidente en la pista de aterrizaje.

## Alejando la Negatividad

Aunque por lo general he sido una persona sumamente optimista, hace alrededor de dos años y medio hubo una situación que afectó seriamente mi estado anímico por alrededor de una semana. Esto para mí era totalmente desconocido. Como no tenía la menor idea de cómo resolver esta situación, pedí guía. Justo en el momento que pregunté cómo podía enfrentar este reto, encendí el televisor y alguien estaba diciendo: sea cual sea el problema, la música es la respuesta. Inmediatamente busqué en internet la relación entre la música y las emociones y encontré información relevante que ahora utilizo para ayudar a las personas a ser la mejor versión de sí mismas. Empecé a leer sobre el efecto que tiene la frecuencia de la música sobre las ondas cerebrales y esto me ha dado nuevas herramientas.

En enero del año 2017 finalicé una certificación en Mapeo Cerebral y Neurofeedback que tomé en Quantum University bajo la dirección del Dr. Jeffrey Fannin. El programa terminaba con un taller práctico en las oficinas del Dr. Fannin en Arizona. Había unas quince personas de diferentes partes del mundo. Había personas de Australia, México, Canadá, Estados Unidos, Suiza y Yo de Costa Rica. Cuando iniciamos el taller, el Dr. Fannin preguntó qué nos había motivado a cada uno de nosotros a tomar este programa de certificación. Yo respondí que mi objetivo era combinar mi conocimiento en ondas cerebrales con las frecuencias Solfeggio (frecuencias sagradas de la música utilizadas en los cantos gregorianos). Esto dio inicio a mi nuevo proyecto "Staytuned Audios" (www.staytunedportal.com). Estos audios se pueden encontrar en Spotify, Apple Music, Google Play Music, Amazon MP3, Tidal, Youtube Music y CD Baby Store. Me referiré a Staytuned en el capítulo 10.

## Capítulo 7: Escuchando al Cuerpo

A veces algunas situaciones nos incomodan y no somos capaces de reconocer las emociones que están relacionadas a la incomodidad. Aprendí sobre este tema con la ayuda de una de mis mentoras Janine Fafard. Janine es lo que yo llamaría una coach del alma. Ella me ayudó a resolver aquellas cosas que no habría logrado superar con todas las técnicas que yo conocía. Una de estas cosas era un síntoma físico que luego comprendí, era causado porque yo había ignorado todas las señales.

Yo tuve por varios años una inflamación abdominal que no se eliminaba con nada. Al principio pensé que se trataba de un mioma que apareció en mi útero y que se resolvió con una cirugía. Luego pensé que se debía a piedras en la vesícula, pero tampoco esta era la verdadera razón.

Empecé a explorar mis emociones con la ayuda de Janine y descubrimos que el síntoma estaba relacionado con un desbalance entre el dar y recibir.

Como expliqué en la introducción, temprano en mi vida, tomé la decisión de hacerme cargo de todo porque no había a mi alrededor nadie capaz de hacerlo.

Esta situación había dejado una importante huella en mis creencias subconscientes. Yo debía estar a cargo de todo para que las cosas sucedieran. Esta falsa creencia me llevó a tomar decisiones equivocadas en mi elección de pareja. Ya que subconscientemente elegí una pareja que reflejara en mi vida esta falsa creencia.

Esta molesta inflamación abdominal estaba afectando mi estado emocional. Como conozco muchas técnicas, rápidamente me sobreponía practicando todas las técnicas que más adelante compartiré en el capítulo 8.

No obstante días después ahí estaba otra vez el desánimo que ésta molesta situación me provocaba.

Fue entonces cuando tuve que aprender sobre la importancia de la honestidad emocional. El origen de todo este problema era mi desbalance entre dar y recibir. Me sentía agotada en mi relación de pareja tratando de ser el hombre y la mujer a la vez. Reconocer esto me hizo profundizar en algo aún más relevante, el balance entre la energía femenina y la energía masculina.

A veces en las relaciones de pareja las dos personas evolucionan a velocidades diferentes. Esto no es ni bueno ni malo. Lo que sí es cierto es que cuando nuestra pareja deja de evolucionar se pierde la visión compartida sobre el proyecto de vida. Este fue mi caso y al final del camino tomé la difícil decisión de divorciarme.

Mis emociones me estaban hablando. El desánimo se hacía presente una y otra vez, aunque yo tratara de callarlo con todas las técnicas posibles. A veces nos da miedo escuchar porque no queremos enfrentar las posibles decisiones que se derivarían de este proceso. En muchas ocasiones la honestidad emocional nos lleva por el camino de salir de la zona de confort y esto a nadie le gusta. Ni siquiera a los que nos dedicamos a ayudar a avanzar a otras personas.

Este desbalance entre dar y recibir estaba relacionado con un desbalance entre la energía femenina y la energía masculina.

La energía masculina es la energía que da. La energía femenina es la energía que recibe.

Recordemos que yo siendo una niña, ante la discapacidad de mi padre tuve que asumir responsabilidades de adulta. La falsa creencia no solo tenía que ver con dar y recibir, sino que había dejado rezagada mi vulnerabilidad femenina.

Toda esta información me llevó a tomar muchas decisiones más, que mencionaré adelante. Tuve que hacer un inventario de las relaciones tóxicas que había construido desde estas falsas creencias y renegociarlas o despedirlas de mi vida.

Tener emociones no reconocidas ha tenido un impacto profundo en otras áreas de mi vida.

La energía masculina está relacionada con hacer cosas y la energía femenina se relaciona con quienes somos, además, la energía masculina es lineal, hay que hacer cosas para que otras cosas sucedan, y la energía femenina es atemporal, puedo imaginar que lo que yo quiero ya está sucediendo, y manifestarlo en mi vida de manera mágica. Muchas de las decisiones de negocios en el pasado las tomé sin haber tenido este conocimiento. Por ejemplo, mi negocio que es maravilloso y me da grandes satisfacciones, tiene el reto de ser un negocio muy presencial que hasta la fecha ha implicado un gran involucramiento de mi parte. Si con este nuevo conocimiento emprendiera un negocio en el futuro, lo haría desde el balance de la energía femenina y masculina y probablemente tendría más libertad para disfrutar de la vida. Por eso he creado mi nuevo proyecto Staytuned, un portal de transformación personal que me permitirá llegar a millones de personas en todo el mundo.

Recientemente, inicie una nueva relación de pareja creada desde el balance entre dar y recibir y por supuesto ya con un balance entre mi energía masculina y mi energía femenina. Esta nueva relación me ha llevado a conocer nuevas dimensiones en el amor que hasta la fecha para mí eran desconocidas.

Cuando hemos ignorado todas las señales posibles: el mensaje que nos dio una persona que se sentó a nuestro lado, la frase que leímos en un libro, las palabras en una canción o cuando no tuvimos la sensibilidad de reconocer y honrar nuestras emociones, nuestro cuerpo empieza a mandar mensajes a través de síntomas.

La bio-decodificación nos explica cómo interpretar los mensajes que nos envía el cuerpo físico. Por ejemplo, padecimientos en los pulmones están asociados a la tristeza, padecimientos renales están asociados a la vergüenza y el fracaso, el cáncer está relacionado a frustración y resentimiento.

Conozco el caso de una señora ecuatoriana que perdió a su esposo cuando sus hijos aún estaban pequeños, quedando ella a cargo de su familia sin estar preparada para ello. Ella tenía una sensación de abandono y esto causaba un gran resentimiento contra su esposo fallecido que le provocó un cáncer. Esta persona tuvo remisión espontánea cuando entendió la emoción que estaba atrapada en su interior.

Recuerdo también la historia de una mujer agredida por su pareja verbal y físicamente. La situación ha sido tan caótica que ella perdió su vista y esto está relacionado a su deseo de no ver la realidad que está viviendo.

Louise Hay en su libro Usted Puede Sanar su Vida, explica este concepto. Algunas de las relaciones entre padecimientos y las emociones que ella menciona son los siguientes:

| Problema | Causa probable | Nuevo Modelo Mental |
|---|---|---|
| Asma en los bebés | Miedo a la vida. Alguien que no quiere estar aquí. | Este niño es recibido con amor y alegría, y está a salvo y bien cuidado. |
| Cáncer | Herida profunda. Resentimiento que se arrastra. Alguien | Perdono con amor y me desprendo de |

| | | |
|---|---|---|
| | a quien carcome un dolor o un secreto profundo. Carga de odios. Creencia en que todo es inútil. | todo el pasado. Elijo llevar mi mundo de júbilo. Me amo y apruebo. |
| Problemas de riñón | Críticas, decepción, fracaso. Vergüenza. Alguien que reacciona como un niño. | La acción divina siempre opera en mi vida. El resultado de cada experiencia es el bien. No hay peligro en crecer. |
| Problemas de Pulmón | La capacidad de inspirar la vida. Depresión. Duelo. Miedo de inspirar la vida. Alguien que se siente indigno de vivir plenamente. | En perfecto equilibrio inspiro la vida. Tengo capacidad de inspirar la plenitud de la vida, y con amor la vivo plenamente |
| Diabetes | Nostalgia de lo que puede haber sido. Gran necesidad de controlar. Tristeza profunda. Ni restos de dulzura. | Este momento está lleno de júbilo. Opto por experimentar la dulzura del día de hoy. |

| Corazón | Representa el centro del amor y la seguridad. Problemas emocionales antiguos. Endurecimiento del corazón. Tensión y estrés | Mi corazón late al ritmo del amor. Júbilo. Júbilo. Júbilo. Con amor permito que el júbilo fluya por mi mente, mi cuerpo y mi experiencia. |
|---|---|---|
| Útero | Representa el hogar de la creatividad. | Mi cuerpo es mi hogar[13]. |

Luego de cuatro años de haber vivido la cirugía para extraer el mioma de mi útero, entendí la relación entre mi desbalance de energía masculina y femenina con este padecimiento.

Mi cuerpo estaba hablando a gritos para que yo prestara atención, ya que había ignorado todas las señales.

---

[13] Hay, L. L. (1999). *You can heal your life*. Hay House.

**Parte 3: EMOCIONES Y FRECUENCIA VIBRATORIA**

## Capítulo 8: Pensamientos y Emociones

Los pensamientos y las emociones están íntimamente relacionados. Si aprendemos a observar nuestros pensamientos y nuestras emociones seremos capaces de reconocer como un pensamiento inmediatamente desencadena un flujo de energía. Las emociones son el flujo y la experiencia de los pensamientos. Cuando tenemos un pensamiento positivo inmediatamente sentimos emociones como alegría, gozo, placer. Cuando el pensamiento es negativo sentimos emociones como tristeza, enojo, ira.

Esta comprensión me ha permitido hacer tangible la importancia de las emociones.

Como mujer de negocios, pensaba que los pensamientos eran mucho más importantes que las emociones. Hasta que leí un libro de Gregg Braden, "The Divine Matrix: bridging time, space, miracles, and belief" (La Matriz Divina: cruzando las barreras del tiempo, el espacio, los milagros y las creencias), que habla sobre los campos electromagnéticos del cerebro y del corazón[14]. Resulta que el campo electromagnético del corazón es 5000 veces superior al del cerebro. Por esta razón lo que sentimos es mucho más importante que lo que pensamos. La energía que se libera a través de las emociones y los sentimientos es la que construye nuestra realidad. Esto me hace

---

[14] Braden, G. (2007). *The divine matrix: Bridging time, space, miracles, and belief*. Carlsbad, CA: Hay House.

pensar que las emociones y los sentimientos están subestimados.

La habilidad de sintonizar la vida que soñamos está íntimamente ligada con nuestra capacidad de sentir como si esa vida ya fuera realidad.

Gregg Braden en su libro "Secrets of the lost mode of prayer: The hidden power of beauty, blessing, wisdom, and hurt." (Secretos de un Modo de Orar Olvidado: El Poder Oculto de la Belleza, la Bendición, la Sabiduría y el Dolor) explica que la verdadera oración consiste en sentir que lo que estamos "pidiendo" ya es realidad[15].

Si por el contrario en nuestra oración pedimos, lo que estaríamos haciendo es reafirmar la carencia de lo que queremos.

Esto está asociado con la definición bíblica de la fe: la certeza de lo que no se ve.

Este enfoque de sentir es coincidente que lo que propone Joe Dispenza en su libro "Deja de Ser Tu".

Joe Dispenza propone que el cambio es pensar más allá del entorno, el cuerpo y el tiempo[16].

Pensar más allá del entorno se refiere a cablear nuestro cerebro de una forma distinta a lo que nos rodea. Quiere

---

[15] Braden, G. (2006). *Secrets of the lost mode of prayer: The hidden power of beauty, blessing, wisdom, and hurt.* Carlsbad, CA: Hay House.
[16] Dispenza, J. (2012). *Breaking the habit of being yourself: How to lose your mind and create a new one.* Carlsbad, CA: Hay House.

decir que podemos crear en nuestro interior una realidad distinta a la que perciben nuestros sentidos.

Pensar más allá del cuerpo se refiere a sobreponernos a nuestras reacciones químicas automáticas y adictivas que nos mantienen atados a nuestra vieja forma de ser: desmemorizar nuestro estado emocional.

Pensar más allá del tiempo se refiere a imaginarnos la vida que deseamos desde el momento presente como si fuera realidad aquí y ahora.

Cuando pienso en mi infancia y juventud, recuerdo que a veces como forma de escape de la situación que rodeaba a mi familia imaginaba con mucha intensidad una vida diferente, una vida sin límites.

A la luz del conocimiento ahora creo que esos momentos fueron la clave para construir una vida que estadísticamente parecía improbable.

Como expliqué anteriormente todo empieza con el pensamiento. Por esta razón quiero analizar con detenimiento la importancia de pensar positivamente.

## El Poder del Pensamiento Positivo

Este es un tema del que se ha hablado mucho, pero no lo suficiente. Shawn Achor, en un video de TED que se llama "The Happy Secret to Better Work" (El Feliz Secreto para Trabajar Mejor) presenta algunos de los resultados de un estudio que realizó con el patrocinio de la Universidad de Harvard. El estudio revela que los cerebros positivos producen 37% más en ventas. En general son 31% más productivos y que los médicos con cerebros positivos son 19% más precisos en sus procedimientos[17].

Desde temprana edad me fascinaba con todos los libros posibles sobre este tema. La mayoría de ellos excluyen un aspecto trascendental: la importancia de reconocer y honrar nuestro estado emocional a la que me referí en el capítulo anterior.

No se trata de sustituir pensamientos negativos por pensamientos negativos. Primero debemos ser capaces de reconocer nuestro estado emocional. Una vez que reconocemos nuestro estado emocional, somos capaces de detectar el patrón subconsciente que generó el pensamiento negativo.

Explico con un ejemplo:

Uno de los patrones mentales que he logrado erradicar por completo es el temor a la incertidumbre financiera.

Cada vez que debía tomar una decisión de inversión en mi empresa se disparaba en mi cerebro un patrón. "Si algo falla no tengo a quien recurrir". ¿Dónde se originó ese patrón mental? En la experiencia infantil de ver a mi padre perder la vista y años después perderlo casi todo. Entonces crecí con la sensación de no tener alguien que

---

[17] Achor, S. (n.d.). The happy secret to better work. Retrieved October 01, 2016, from https://www.ted.com/talks/shawn_achor_the_happy_secret_to_better_work

cuidara de mí, por el contrario, era la niña la que debía cuidar a sus padres.

El exceso de responsabilidad que sentía sobre mí a muy corta edad había dejado una huella profunda. Luego de adulta, donde es normal asumir uno sus propias responsabilidades, yo volvía a sentirme como la niña desamparada de tres años.

Enfrentar esta situación desde la honestidad emocional fue crucial para empezar a desconectar este patrón en mi cerebro.

Cada vez que tenía que hacer una nueva inversión, estaba presente, observando mis pensamientos y mis emociones para detectar cuando se iba a encender el patrón de víctima. Como estaba presente, entonces podía convertirme en observadora de mí misma. En lugar de involucrarme en el drama, observaba el patrón y decidía evitar que esta conexión neuronal sucediera.

Si me hubiese resistido al patrón, éste hubiese persistido.

No era suficiente tratar de reemplazar ese patrón con otro positivo. Era necesario poder encontrar la raíz de mi patrón mental destructivo.

## ¿Qué Hacer para Tener un Cerebro Positivo?

*La Frecuencia del Agradecimiento*

Una de las mayores bendiciones que me ha traído mi negocio actual es que me obliga a estar buscando nuevos estudios, videos y conocimiento en general que me ayude a acelerar el proceso de crecimiento personal y profesional de mis clientes.

También me ha llevado a estudiar el fenómeno de la prosperidad y he leído desde los enfoques más conservadores hasta los más aventurados en este tema.

El común denominador de este conocimiento es la capacidad de conectarnos a la frecuencia del agradecimiento.

Partamos del supuesto que si has llegado hasta aquí en la lectura de este libro ya tienes clara la importancia de pensar que el universo es un lugar amigable.

Desde esta perspectiva podemos ver la vida como un milagro. Cada encuentro con cada persona podemos verlo como un encuentro sagrado. Cada situación que se presenta en nuestra vida podemos verla desde la óptica del aprendizaje y crecimiento, porque todo conspira a nuestro favor. Aún las situaciones más retadoras de nuestra existencia humana, cuando las vemos en retrospectiva, usando las palabras de Steve Jobs: uniendo los puntos hacia atrás, nos damos cuenta que todo ha sucedido por una razón.

Por otra parte, vivir en la frecuencia de agradecimiento supone que todo lo que queremos alcanzar en la vida ya está ahí. Cuando recibimos, agradecemos, por lo tanto, cuando agradecemos, recibimos. Podemos agradecer aún por lo que todavía no percibimos con nuestros sentidos, siguiendo el principio de sentir como si lo que queremos ya estuviera sucediendo.

Algunas de las herramientas que me ayudan a vivir en esta frecuencia se describen a continuación.

*Los Tres Motivos para Agradecer*

Una de mis técnicas favoritas que aprendí en el video de Shawn Achor, "El Feliz Secreto para Trabajar Mejor", es en cuanto me despierto por la mañana, escribir todos los días tres motivos para agradecer. Podemos enfocarnos en cosas positivas que nos sucedieron el día anterior, o en algunas de las muchas bendiciones que tenemos y que damos por un hecho. También me gusta agradecer por cosas que todavía no se han manifestado en mi vida. Agradezco por ellas como si ya estuvieran presentes en mi realidad. Shawn Achor recomienda hacer esto por 21 días seguidos para que el cerebro forme el hábito de enfocarse primero en lo positivo[18].

Joe Dispenza dice que el agradecimiento es el último estado del que recibe[19].

El cerebro no conoce la diferencia entre lo que pensamos y lo que estamos viviendo, así que el agradecimiento es una manera de preparar nuestro cerebro para que nos

---

[18] Achor, S. (n.d.). The happy secret to better work. Retrieved October 01, 2016, from https://www.ted.com/talks/shawn_achor_the_happy_secret_to_better_work
[19] Dispenza, J. (2014). *You are the placebo: Making your mind matter*. Hay House.

ayude a construir la nueva realidad que queremos en nuestra vida.

A veces algunas personas, cuando explico la técnica de los 3 motivos para agradecer por 21 días, me preguntan si tienen que ser motivos diferentes todos los días.

La respuesta es sí, son tres motivos diferentes todos los días.

## Mensajes Positivos

Otra práctica que sugiere Shawn Achor para mantenerse positivo es enviar todos los días uno o varios mensajes positivos a nuestros seres queridos. Esta conducta genera ondas de pensamiento positivo[20].

## Cambiar desde el Comportamiento

A veces algunas de las personas que asisten a mis entrenamientos me preguntan cómo hacer cuando amanecemos con el ánimo en el suelo. Una forma de salirnos de ese estado anímico no deseable es comportarnos como si todo estuviera perfecto.

Le digo a mis alumnos que piensen cuando van a un banco y no hay sistema. Normalmente el banco sigue operando con un sistema de soporte. Tal vez deban hacer algunas

---

[20] Achor, S. (n.d.). The happy secret to better work. Retrieved October 01, 2016, from https://www.ted.com/talks/shawn_achor_the_happy_secret_to_better_work

transacciones manuales y emitir recibos provisionales, pero el show sigue corriendo.

Aplicado al estado anímico, una buena postura corporal y una sonrisa ayudan a mejorar nuestro estado de ánimo.

La Socióloga Amy Cuddy, profesora de la Universidad de Harvard, presenta en un video de Ted Talks "Your Body Language Shapes Who You Are" (Amy Cuddy: El Lenguaje Corporal Moldea Nuestra Identidad) los resultados de un estudio que indican que después de hacer una postura corporal expansiva por dos minutos, cambian las hormonas en el cerebro.

En el estudio invitan al laboratorio a varias personas, les piden escupir en un frasco, miden dos hormonas: testosterona y cortisol. Separan a los participantes en dos grupos: al primer grupo le piden que hagan posturas corporales expansivas, como subir los brazos en posición de victoria o estar de pie con las manos en la cintura, al estilo de la mujer maravilla. Después de dos minutos les piden que escupan de nuevo en un frasco y vuelven a medir la testosterona y el cortisol. El resultado del estudio muestra que han subido los niveles de testosterona, hormona del poder y la dominación, y se ha reducido el cortisol, hormona del estrés. Esto quiere decir que hacer posturas corporales expansivas cambia la química de las hormonas en el cerebro. Al segundo grupo le piden igualmente que escupan en un frasco, miden las mismas hormonas y luego les piden que hagan posturas corporales de bajo poder. Por ejemplo, tocarse el cuello o estar con los brazos cruzados viendo hacia abajo. Luego les piden que escupan de nuevo en un frasco y miden nuevamente la testosterona y el cortisol. Las personas que hicieron posturas corporales de bajo poder, muestran reducciones significativas en su nivel de testosterona y niveles superiores de cortisol, hormona del estrés[21].

De lo anterior podemos concluir que el comportamiento puede modificar el estado anímico.

Comparando esto con la situación del banco que está operando sin conexión con el servidor central, uno no puede andar por la vida solo con el sistema de soporte, o sea el comportamiento. Es importante enfocar la raíz de los patrones negativos como expliqué anteriormente y enfocarlos con honestidad emocional.

Así no debemos estar levantando nuestro ánimo todos los días, sino que enfocamos la energía en seguir avanzando a nuevos niveles de expansión de la conciencia. Vamos superando patrones mentales. Es como pelar una cebolla, siempre hay una capa más.

Otra forma de cambiar desde el comportamiento, es rodearnos de cosas que tienen las vibraciones que queremos.

---

[21] Cuddy, A. (n.d.). Your body language shapes who you are. Retrieved October 01, 2016, from https://www.ted.com/talks/amy_cuddy_your_body_language_shapes_who_you_are

Por ejemplo, si queremos más abundancia económica, podemos rodearnos de ciertos lujos que podamos costear que nos hagan sentir la nueva realidad que queremos. Por ejemplo, utilizar sábanas de 2000 hilos de algodón egipcio. Esto es algo que está al alcance de muchas personas. Yo las compro por internet. Beber agua en un vaso finísimo de cristal y cualquier otra pequeña cosa que nos conecte con la vibración de la riqueza.

*Evitar la Introducción de Elementos Negativos al Cerebro*

Televisión y Películas

Hace varios años decidí ser muy selectiva en cuanto a los programas de televisión que veo.

Las noticias locales en mi país están cargadas de "sucesos y tragedias". Decidí no introducir esa información a mi cerebro así que jamás veo las noticias locales.

Veo pocos programas de televisión, principalmente los que me aportan conocimiento. Por ejemplo, la serie "Lie to Me" traducida al español como "Miénteme si puedes" me aporta mucha información sobre el lenguaje corporal de las personas. Ocasionalmente veo algunas películas, pero evito a toda costa la violencia disfrazada en las películas de "acción".

Relaciones Tóxicas

También evito relacionarme con personas que no son habilitadoras para mí. Decidí no hacer casi nada por compromiso. Si no me gusta un grupo determinado, prefiero no asistir a ciertas actividades. Me gusta relacionarme con personas positivas, que asumen responsabilidad y que siempre van a decirme la verdad me guste o no.

Cuando digo esto en mis entrenamientos, algunas personas me preguntan: ¿qué hacer con las personas que son negativas y que tenemos que seguir viendo porque son parte de nuestra vida cotidiana? Por ejemplo, cónyugue, hermanos, padres etc.

Lo que sugiero es tomar el tiempo para renegociar estas relaciones.

Una de mis alumnas compartió su experiencia en este sentido.

Ella es una asesora financiera muy exitosa que proviene de una familia humilde. Se ha superado más que sus hermanos. Como suele suceder en América Latina, cuando un hermano triunfa los demás creen que el hermano exitoso debe resolver la vida de todos los demás. Esta no fue la excepción en el caso mi amiga. Andrea (no es su nombre original) le daba una cuota mensual a su madre para cubrir sus necesidades básicas. Su madre la manipulaba para pedir mucho más de lo necesario para dar dinero a un hermano que nunca tenía trabajo. Andrea decidió poner fin a esta situación y decirle a su madre que a partir de ahora para seguirse relacionado ella (la madre) tenía que comportarse como tal, porque habían invertido los papeles. Le pidió que a partir de ahora quería ser su hija para que tuvieran una relación saludable. La reacción inicial de la madre fue negativa, pero con el tiempo la relación mejoró significativamente.

Renegociando Relaciones

En mi experiencia personal, había construido varias relaciones tóxicas. Eran relaciones que estaban enfermas porque yo tenía la costumbre de asumir responsabilidades que no me correspondían.

Detecté en total seis relaciones tóxicas en mi vida cotidiana. Hablé con cada una de ellas para tratar de renegociar la relación.

Con dos de ellas pude hacer una renegociación exitosa. Se trataba de relaciones familiares que estaban enfermas porque yo tendía a resolver económicamente responsabilidades de estas personas. Hablé con las dos personas y les dije que estaba haciendo un cambio personal. Que yo les tenía mucho aprecio, pero que quería tener una relación sana, donde cada quien asumiera sus responsabilidades. Repartimos tareas y costos que debían ser asumidos por las tres personas, cada quien asumía según sus posibilidades. Por ejemplo: si alguna de nosotras podía aportar más económicamente a soportar algunos aspectos familiares, otra podría aportar más tiempo a la atención de ciertas situaciones. Redefinimos la situación y ahora nos apoyamos mutuamente de forma sana, según las posibilidades de cada quién, pero ahora en una forma balanceada para las tres.

Con dos personas decidí poner distancia cordial, porque no estaban lo suficientemente conscientes para reconocer su toxicidad y otras dos las tuve que despedir de mi vida.

Si queremos una vida sana y un cerebro positivo, debemos estar comprometidos a enfrentar ciertas situaciones incómodas, como por ejemplo confrontar a las personas que están intoxicando nuestra vida.

# Capítulo 9: Impacto de las Emociones en la Frecuencia Vibratoria

## Atraer Nuevas Vibraciones a Nuestra Vida

He descubierto que los patrones mentales son contagiosos. Entonces invito a mi vida a personas que son mejores que yo en algunas áreas. Por ejemplo, uno de mis clientes con el tiempo se ha convertido en un amigo y hermano. Él tiene mucha disciplina en cuanto a alimentación saludable y ejercicio. Le pedí que me apoyara en este tema y que mostrara sus patrones mentales para poder aprender de su disciplina en este tema. A cambió le ofrecí apoyarlo en ser mejor líder para sus colaboradores. Ambos nos hemos beneficiado mucho. Yo logré, con su apoyo y mi compromiso, cambiar completamente mis hábitos alimenticios. Por ejemplo, aprendí a consumir mucho más vegetales, frutas y proteínas y solo carbohidratos saludables en pequeñas dosis. Cuando salgo a cenar con mi amigo, si queremos postre pedimos uno para los dos y solo comemos una o dos cucharadas cada uno. De esta forma nos quitamos el antojo de probar el postre, pero sin consumir el alto contenido calórico. También aprendí a consumir grandes cantidades de agua pura al día. Contraté un entrenador personal y adopté una disciplina de ejercicio mucho más rigurosa que la que tenía anteriormente. Gracias a los patrones mentales de mi querido amigo y hermano, en año y medio he bajado dos tallas. Me siento con mucha más energía y me veo mucho mejor.

En cuestiones de prosperidad, cuando tengo que tomar decisiones importantes recurro a personas que son mucho más exitosas en la materia que yo. Siempre encontramos gente que está mejor y gente que está peor que nosotros. Tengo una amiga que proviene de una familia muy exitosa financieramente y recurro a ella cuando voy a tomar una decisión. Sé que sus patrones mentales de prosperidad son aún mejores que los míos y aprovecho esta destreza. A cambio apoyo a mi amiga con reprogramación de creencias subconscientes.

Adicionalmente me he afiliado a comunidades y organizaciones que manejan temas de mi interés como por ejemplo neurociencia, creencias subconscientes entre otros. Me matriculo en cursos internacionales donde me contacto con personas que tienen altos niveles de expansión de la conciencia para enriquecer mi vida con su presencia.

## Ondas Cerebrales

Todos los seres humanos poseemos patrones eléctricos en la corteza del cerebro llamados ondas cerebrales. Hay herramientas que permiten observar estos patrones de ondas cerebrales; como por ejemplo el electroencefalógrafo.

Las ondas cerebrales están asociadas a diferentes estados anímicos por lo que están íntimamente relacionados con las emociones.

Por ejemplo, las ondas Delta se asocian a sensaciones de bienestar y paz interior. Las ondas Gamma se asocian a felicidad y compasión.

Las ondas cerebrales son producidas por impulsos eléctricos sincronizados de masas de neuronas comunicándose unas con otras. Las ondas cerebrales más conocidas son 5:

1. Delta
2. Theta
3. Alpha
4. Beta
5. Gamma

Jeffrey Fannin ha documentado dos niveles más altos (híper gamma) de ondas cerebrales:

6. Epsilon
7. Lambda

Las ondas cerebrales se miden en Hertz (Hz) que equivalen a ciclos por segundo.

Ondas cerebrales con menos Hertz o ciclos por segundo, se asocian a estados de relajación y ondas cerebrales de más Hertz se asocian a estados de alerta.

La siguiente tabla resume los diferentes tipos de ondas cerebrales, sus beneficios y riesgos según un estudio realizado por Jeffrey Fannin Ph.D "Understanding your Brain Waves" (Entendiendo tus Ondas Cerebrales).

| Ondas Cerebrales | Beneficios al incrementarlas | Riesgos |
|---|---|---|
| Delta<br><br>0,5 – 3hz | Segregación de hormonas antienvejecimiento<br>Bajos niveles de cortisol (hormona asociada al estrés y al envejecimiento acelerado)<br>Estado de empatía<br>Dicha extrema (sensación asociada a la meditación avanzada)<br>Sanación avanzada del cuerpo y la mente<br>Conexión con la mente subconsciente<br>Más profundo nivel de relajación mente/cuerpo<br>Intuición (seguir las señales)<br>Conexión con el cuerpo espiritual<br>Experiencias paranormales<br>Sistema inmune en su máximo desempeño | Déficit de atención<br>Trastorno de déficit de atención con hiperactividad |
| Theta<br><br>3 – 8hz | Experiencias paranormales<br>Dormir y soñar<br>Creatividad (músicos escultores y artistas)<br>Solución de problemas<br>Bajos niveles de estrés<br>Menor ansiedad<br>Aprender idiomas fácilmente<br>Conexión con el plano espiritual<br>Percepción extrasensorial | Dificultad para concentrarse<br>Depresión |
| Alpha<br><br>8 – 12hz | Profunda relajación mente/cuerpo<br>Altos niveles de creatividad<br>Solución de problemas<br>Mejor estado emocional y emociones más estables<br>Máximo desempeño<br>Estar "en la zona"<br>Super aprendizaje | |

| | | |
|---|---|---|
| | Estados de genio<br>Sistema inmune mejorado<br>Alta segregación de serotonina (los bajos niveles de serotonina se relacionan con la depresión, ansiedad y ataques de pánico) | |
| Beta<br><br>12 – 38hz | Habilidad de pensar rápido<br>Habilidades sociales aumentadas<br>Sensación de emoción<br>Orientación al resultado<br>Mejor desempeño<br>Alta concentración<br>Más energía<br>Pensamientos positivos<br>Mejor habilidad para escribir (fácil y rápido)<br>Incremento del C.I. | Ansiedad<br>Estrés<br>Paranoia<br>Tensión muscular<br>Alta presión arterial<br>Pensamientos no deseados<br>Insomnio<br>Adicciones |
| Gamma<br><br>38 – 42hz | La frecuencia óptima para el funcionamiento del cerebro<br>Despertar de la consciencia<br>Compasión<br>Felicidad<br>Frecuencia de la armonización<br>Experiencias fuera del cuerpo | Ansiedad (especialmente si están mezcladas con Beta)<br>Si no se está listo puede generar un impacto al permitir una percepción más consciente de la realidad |
| Epsilon y Lambda<br><br>100 – 200hz | Estado de los yoguis al alcanzar la "animación suspendida".<br>Los doctores no pueden percibir los latidos del corazón, la respiración o el pulso.<br>Se asocia con el estado de consciencia de los monjes tibetanos que meditan | |

| | en las montañas del Himalaya a temperaturas bajo cero.[22] | |
|---|---|---|

En el Capítulo 6: Seguir las Señales, mencioné que hacer alrededor de un año algo sucedió que bajó mi estado anímico por alrededor de una semana. Como normalmente me mantengo en emociones elevadas esta situación era totalmente ajena a mi experiencia reciente. Pedí guía y minutos después encendí el televisor y alguien estaba diciendo: "Sea cual sea el problema, la música es la respuesta". Como he aprendido a seguir las señales inmediatamente busqué en internet los efectos de la música sobre el estado anímico de los seres humanos y encontré una cantidad de herramientas para gestionar los estados emocionales a través de la música.

Con frecuencia asisto a los talleres avanzados del Dr. Joe Dispenza y recordé que Joe utiliza en sus eventos para las meditaciones música de Barry Goldstein. Encontré una entrevista de OM Times Media a Barry Goldstein sobre su libro "The Secret Language of the Heart: How to Use Music, Sound, and Vibration as Tools for Healing and Personal Transformation" (El Lenguaje Secreto del Corazón: Cómo Utilizar la Música, el Sonido y la Vibración como Herramientas Para Sanación y Transformación Personal). Barry Goldstein explica que la música tiene

---

[22] Fannin, J. L., PH.D. (n.d.). *Understanding Your Brainwaves* [PDF]. Jefffrey Fannin.

frecuencia (ciclos por segundos o Hertz) y tiene intención[23].

Barry Goldstein también menciona en su libro que en la música aparte de la frecuencia de las notas normales puede incluir notas que se sintonicen con la frecuencia correspondiente a ondas cerebrales deseadas. Esto se conoce como entrenamiento de ondas cerebrales[24].

Un recurso valioso que estoy utilizando en los últimos meses para reprogramar mi cerebro, es música con frecuencias e intenciones específicas según lo que quiero programar.

Como persona estudiosa he profundizado tanto en el tema que decidí crear mi audios "Staytuned Audios" con frecuencias sagradas de la música, lo cual explicaré en el capítulo 10.

Regularmente escucho para dormir música en 528hz asociada a ondas cerebrales Delta y Theta. Esto me permite alcanzar estados de relajación profundos que me conectan a una sensación de bienestar y paz interior.

Nuestra capacidad de ser creadores y no víctimas tiene que ver con nuestros patrones mentales, nuestras emociones y por supuesto nuestras ondas cerebrales.

---

[23] Goldstein, B. (2016, April 21). The Secret Language of the Heart with Barry Goldstein [Interview by S. Sedgbeer]. In *OM Times Radio*. Retrieved October 01, 2016, from http://omtimes.com/iom/2016/04/secret-language-heart-barry-goldstein
[24] Goldstein, B. (2016). *The secret language of the heart: How to use music, sound, and vibration as a tool for healing and personal transformation*. San Antonio, Texas: Hierophant Publishing.

Joe Dispenza en su libro "Deja de Ser Tu" menciona dos estados posibles del ser humano: el de supervivencia y el de creación. Supervivencia se refiere a momentos de estrés, y creación, al estado de homeostasis[25].

Los estados estrés se asocian a exceso de ondas cerebrales beta según se desprende del estudio de Jeffrey Fannin mencionado anteriormente. Por su parte las ondas Delta están asociadas a sanación avanzada del cuerpo y la mente, hormonas antienvejecimiento y máximo desempeño del sistema inmune[26].

Rápidamente empecé a percibir los beneficios del uso de estas herramientas en mi vida cotidiana. Por ejemplo, mi presión arterial se mantenía en promedio 10 puntos más baja de lo normal. Empecé a sentir mayor paz interior y me di cuenta que los eventos externos cada vez me afectan menos. Es como si pudiera reconocer que pase lo que pase en el mundo exterior mi estado natural como ser humano es el amor y la paz interior.

Como dije anteriormente soy una persona estudiosa. Así que decidí profundizar en el tema de las frecuencias de la música.

La música sagrada, como por ejemplo los cantos gregorianos, utilizaba una escala de seis tonos. Se creía que al cantarlos de manera armónica esto traía

---

[25] Dispenza, J. (2012). *Breaking the habit of being yourself: How to lose your mind and create a new one.* Carlsbad, CA: Hay House.
[26] Fannin, J. L., PH.D. (n.d.). *Understanding Your Brainwaves* [PDF]. Jefffrey Fannin.

bendiciones espirituales. Cada nota estaba asociada a una intención específica. Los seis tonos utilizados en cantos gregorianos eran los siguientes:

| Frecuencia | Intención |
|---|---|
| 396hz | Liberar culpa y miedo |
| 417hz | Positivismo y facilitar cambio |
| 528hz | Amor incondicional, transformación y milagros |
| 639hz | Relaciones interpersonales |
| 741hz | Expresión y soluciones |
| 852hz | Regreso al orden espiritual |

Para facilitar herramientas de última tecnología y a la vez de sabiduría ancestral, decidí desarrollar un proyecto que conjuga mi conocimiento en reprogramación del subconsciente y ondas cerebrales, con la sabiduría de las frecuencias Solfeggio. Para desarrollar este proyecto invité a mi sobrino Kelvin Rojas y a un músico costarricense Carlos Vargas, conocido como tapado, quién ha ganado tres premios Grammy y forma parte del Grupo Editus y del Grupo Malpaís, dos agrupaciones musicales costarricenses con prestigio internacional.

Este proyecto esta disponible en varias plataformas de "streaming" como mencioné anteriormente. (staytunedportal.com)

## Capítulo 10: Staytuned: Frecuencias Solfeggio para Volver al Orden Espiritual

*"Al principio fue la música, de la música nació el amor y del amor nació la tierra"*

Como mencioné anteriormente en un momento retador de mi vida cuando pedí guía escuché: cualquiera que sea el problema, la música es la respuesta. Esto me motivó a investigar cómo la música podía impactar nuestro cerebro y nuestras emociones. Fue así como empecé a estudiar las frecuencias Solfeggio que se utilizaban en los cantos gregorianos.

Los Monjes Gregorianos usaban estas frecuencias cuando cantaban en estado de meditación. Estas frecuencias tienen la capacidad de impactar tanto la mente consciente como la mente subconsciente. Estas frecuencias nos permiten balancear las emociones que a veces no somos capaces de manejar.

Las frecuencias Solfeggio se basan en la escala de seis tonos que se utilizaba en la música sagrada. Se creía que los Cantos Gregorianos y sus tonos impartían bendiciones espirituales cuando eran cantados en armonía. Cada una de las frecuencias Solfeggio incluye la capacidad de balancear la energía para mantener cuerpo, mente y espíritu en perfecta armonía.

## La Historia de las Frecuencias Solfeggio:

De acuerdo con el profesor Willi Apel, la primera composición conocida que utilizó las frecuencas Solfeggio fue el Himno de San Juan Bautista de la época medieval.

Willi Apel (1893 – 1988) fue un Alemán Americano musicólogo y autor de varios libros dedicados a la música. Aunque Willi Apel estudió matemáticas, con el tiempo se dedicó solamente a la música.

Estas frecuencias de sonido "desaparecieron" junto con otros que las autoridades eclesiásticas dieron como perdidos hace siglos. Estas poderosas frecuencias fueron redescubiertas por el Dr. Joseph Puleo, tal como se describe en el libro "Healing Codes for the Biological Apocalypse" (Códigos sanadores para el Apocalipsis Biológico), del Dr. Leonard Horowitz.

### ¿Cómo se perdieron las Frecuencias Solfeggio?

Estas poderosas frecuencias fueron brindadas a la iglesia muchos años atrás para un propósito espiritual. Esto fue hace mucho, cuando la iglesia era un lugar maravilloso para la gente en los pueblos, para reunirse. La Iglesia, servía como un lugar social, político y espiritual. La gente asistía a la Misa, la cual, en esos tiempos, se decía en latín (hasta el Concilio Vaticano II). Cuando la gente cantaba en Latín, o en tonos musicales, era muy poderoso, porque se conseguía atravesar todas las formas limitadas de pensamiento, hacia niveles más profundos del subconsciente, accediendo a percepciones más allá del sistema de creencias.

Vibración y sonido pueden ser usados, como la mayoría de las cosas, con una intención positiva, o una negativa. Usados negativamente, esto no es más que control y manipulación. La mayor parte del mundo, ha sido construida sobre el control y la manipulación, por la forma en que nos comunicamos a través del lenguaje. Muchos textos diferentes, como La Biblia, nos hablan de la importancia de hacer sonidos – sea con cantos, percusión, o hablar en lenguas (como los carismáticos fundamentalistas hacen), todas son formas diferentes con que las personas pueden acceder a niveles más profundos de sí mismos. Yo sugiero que las Tonales de Solfeggio, son una de las más puras maneras de hacerlo con intención positiva.

Cuando el Dr. Joseph Puleo estaba investigando los tonos, se dirigió a Monseñor, en una universidad en Spokane, WA, quien estaba al frente del departamento medieval. Luego de 20 minutos de conversación:

JP : "Puede usted descifrar el Latin Medieval?"

M: " Absolutamente"

JP : "Y conoce usted la escala musical y todo?"

M: "Absolutamente"

JP: Bueno…podría decirme que significa "UT –queant laxis'?

Luego de una breve pausa...el Monseñor espetó... "No es de su incumbencia"

Y cortó.

Adicionalmente, a medida que el Dr. Puleo investigaba los tonos más allá, dio con un libro de cantos Gregorianos, por el Profesor Emeritus Willi Apel, quien argumentaba que los cantos que se usaban hoy día, eran totalmente incorrectos, y minaban el espíritu de la Fe Católica". Además el Profesor Apel, reportaba que "ciento cincuenta y dos cantos, estaban aparentemente desaparecidos. La Iglesia Católica presumiblemente "perdió" estos cantos originales. Los cantos estaban basados en la antigua escala original de seis notas musicales llamadas "El Solfeggio".

De acuerdo al Profesor Willi Apel, "El origen de lo que ahora llamamos Solfeggio, surgió desde un himno medieval a Juan el Bautista, el cual tenía la peculiaridad de que las primeras seis lineas de la música, comenzaban respectivamente con las primeras seis sucesivas notas de la escala, y así la primera sílaba de cada línea era cantada en una nota un grado más alta que la primera sílaba de la línea que la precedía. Gradualmente, estas sílabas llegaron a asociarse e identificarse con sus respectivas notas, y a medida que cada sílaba terminaba en una vocal, se encontraba peculiarmente adaptada para el uso vocal. La clave "UT", fue artificialmente reemplazada por "DO". Guido D'Arezzo fue el primero en adoptarlas en el siglo XI, y Le Marie, un músico francés del siglo XVII, agregó el "SI", como séptima nota de la escala, para así completar la serie".

Investigaciones posteriores establecen que, "El Papa Juan, fue más tarde canonizado –Saint Iohannes- y luego la escala, fue cambiada. La séptima nota "SI", fue agregada a partir de las iniciales de su nombre. Más tarde "SI", cambió a "TI". Estos cambios alteraron significativamente las frecuencias cantadas por la gente. Las alteraciones también debilitaron el impacto espiritual de los himnos de la Iglesia. Porque la música se sostiene en una resonancia matemática, frecuencias capaces de inspirar espiritualmente a la humanidad, para ser más "como Dios", los cambios afectaron alteraciones en el pensamiento conceptual también, distanciando a la humanidad de Dios. En otras palabras, cuando cantas un salmo, esto es música para los oídos. Pero fue originalmente concebido para ser música para el alma, y también para el "oído secreto". Así, cambiando las notas, las grandes matrices de pensamiento y un amplio bienestar, fue impedido. Ahora, es tiempo de recobrar esas notas perdidas.

## El 3, 6 y 9

Como vemos, las seis frecuencias originales de Solfeggio, usando el método pitagórico, encontramos que la base de los números vibracionales raíz, son 3, 6 y 9. Nikola Tesla nos dice: "Si tan solo conociéramos la magnificencia de los números 3, 6 y 9, podríamos obtener la clave del Universo".

Si jugamos un poco con los números de las frecuencias Solfeggio podemos ver algunas "coincidencias":

369: La suma de los dígitos se convierte en 9

417: La suma de los dígitos se convierte en 6

528: La suma de los dígitos se convierte en 6

639: La suma de los dígitos se convierte en 9

741: La suma de los dígitos se convierte en 3

852: La suma de los dígitos se convierte en 6

Si sumamos todos los resultados, el número final es un 3.

Otros científicos, incluyendo los genios de Nikola Tesla, Raymond Rife, e incluso Mozart, Haydn, Beethoven y Chladni, todos, deben haber sabido al respecto, y usaron el concepto del poder inherente de las terceras, las sextas y las novenas. Por eso, convenimos en estos tres números poderosos: el 3, el 6 y el 9. Cada una de los seis tonos claves del Solfeggio, todos se incorporan individualmente el esquema pitagórico del 3-6-9.

Hay tres aspectos fundamentales en el desarrollo de Staytuned: frecuencias Solfeggio, intención consciente y ondas cerebrales.

La primera producción comprendió tres audios:

1. Amor Incondicional (Unconditional Love) - 528hz: este audio se construyó con la intención consciente

de conexión con la tierra y con el amor incondicional. Este audio permite niveles de relajación profunda con ondas cerebrales delta y theta principalmente. Recomendamos usar primero este audio para generar un efecto de limpieza de energía antes de potenciar al ser humano.

2. Expansión de la Consciencia (Consciousness Expansion) - 852hz: este audio tiene la intención de expansión de la conciencia generando principalmente ondas cerebrales theta y alpha. Los sonidos de este audio dan la sensación de expandir la conciencia hasta el último rincón del universo.

3. Glándula Pineal e Interconexión (Pineal Gland & interconnection) - 963hz: este audio se construyó con la intención de despertar la glándula pineal para recuperar nuestra capacidad de estar interconectados unos con otros. Este audio produce una mezcla de ondas cerebrales Theta, Alpha y Gamma.

Continuamos produciendo otros audios con otros propósitos sanadores y también desarrollaremos productos complementarios en otros canales.

Estos tres audios pueden usarse en el orden siguiente: 528hz, 852hz y 963hz. Es ideal utilizarlos en la mañana antes de iniciar las actividades diarias. También pueden utilizarse en forma separada para propósitos específicos.

La segunda generación de audios comprende lo siguiente:

4. Acceso al Portal (Access to the Portal) - 111hz: Esta frecuencia vibratoria tiene un gran poder transformador. Cuando el cerebro entra en 111hz ambos hemisferios cerebrales funcionan de forma integrada, lo que se conoce como estado de cerebro integrado. Activa el cuerpo calloso que separa al hemisferio izquierdo del hemisferio derecho del cerebro. Esta frecuencia también se asocia a la capacidad de "dejar ir" o desprenderse del resultado cuando decidimos dejar todo en manos del creador. Durante el clímax en el acto sexual el cerebro accesa esta frecuencia. La intención consciente de este audio es accesar el portal que nos permite iniciar el verdadero proceso de transformación a través de la evolución consciente. Utilizamos un coro Celta que fue grabado con mi propia voz, como un llamado pidiendo que nos abran las puertas del cielo. El nombre que elegimos para este audio es "Acceso al Portal".

5. Prosperidad (Prosperity) - 432hz: Esta frecuencia nos conecta con la tierra y nos da acceso a la prosperidad. Cuando terminamos de grabar este

audio, nos acostamos en el suelo en el estudio de grabación con audífonos para sentir el efecto que produciría. Mientras yo lo escuchaba empezó a salir agua de mis ojos, no de la forma en que sucede cuando uno llora sino como un proceso de limpieza. Cuando abrí los ojos mi percepción había cambiado. Podía ver los colores con una intesidad diferente y empecé a sentir el amor en el aire con solo respirar. En este audio utilizamos, entre otros, un instrumento "kalimba" que genera un sonido similar al del arpa. También incorporamos sonidos de aves trayendo buenas nuevas. Hace varios años Tapado estuvo en Korea en un viaje artístico. En esa ocasión una mujer hizo un recorrido de seis horas para entregarle un cuenco de oro. Tapado tenía este cuenco en su casa y jamás lo consideró como un posible instrumento. Cuando Tapado se estaba preparando para recibir información intuitiva sobre la producción de los nuevos audios, su amiga Karla le dijo que este audio sería un regalo para la humanidad y que debíamos utilizar un instrumento que él tenía en su casa. Tapado no sabía de qué se trataba hasta que días después, estando en su casa, vio el cuenco koreano de oro y lo reconoció como uno de los instrumentos que utilizaríamos en la producción de este audio de prosperidad. Este cuenco lo utilizamos para hacer sonidos con monedas. Tomamos monedas que teníamos en las billeteras de todos los presentes durante la grabación. Elegimos dólares y euros. Revisamos las monedas una por una y curiosamente uno de los quarters era de una edición especial que tenía instrumentos musicales en una de sus dos caras. Es como si esa moneda hubiera llegado a nosotros tal como llegó el cuenco de oro.

6. Relaciones Humanas (Human Relations) - 639hz: Esta es la frecuencia de las relaciones entre las personas. Hicimos este audio solamente con piano. La intención consciente que imprimimos en él es devolverle al ser humano su capacidad de amar, eliminando el cinismo que a veces nos separa del amor. Cuando terminamos la producción de este audio que originalmente fue interpretado por Tapado en la afinación de 440 en el piano del estudio de grabación, lo modificamos para alinearlo a la frecuencia 639hz. El efecto de escucharlo en la frecuencia de las relaciones es completamente diferente. Se puede sentir su efecto directo en el corazón.

7. Intuición y Creatividad (Intuition & Creativity) - 741hz y 33hz: La frecuencia 741hz es la frecuencia de la intuición. Agregamos la frecuencia 33hz como un complemento para darle profundidad. Este audio también lo trabajamos con piano. Decidimos crear este audio porque estamos viviendo

momentos de cambio muy acelerado. La inteligencia artificial, la robótica, la singularidad, cambios en la forma de hacer negocios, canales digitales sustituyendo a los canales de venta tradicionales, así como una gran cantidad de estímulos que nos llegan por múltiples medios, hace difícil para la mayoría centrarse y escuchar su voz interior. Hace al menos 5 años practico la meditación de forma regular. La mayor ganancia de esta práctica ha sido reconocer que siempre somos guiados. La información siempre está ahí disponible para nosotros. Ahora estoy atenta a las señales y recibo cada día de mi vida la guía necesaria para mantenerme alineada con mi camino de menor resistencia; con el cumplimiento de mi propósito en esta vida.

8. Alegría (Joy) - 396hz: Esta frecuencia no pertenece a las 6 frecuencias Solfeggio. Conforme hemos ido depurando nuestro proceso intuitivo hemos empezado a recibir información sobre nuevas frecuencias con las que debemos trabajar. Este audio es para recuperar la alegría. Inicialmente consideramos utilizar 360hz pero luego sentimos que la frecuencia no nos conectaba con el sentimiento que queríamos provocar.

Algo que aprendí leyendo sobre Theta Healing es que a veces nos cuesta crear algo que deseamos para nuestra vida porque no tenemos memoria emocional para esa vibración específica. Staytuned es una forma mágica de conectarnos con la vida que soñamos. Si somos capaces de sentir la vibración alineada con nuestros deseos, esto acelerará la manifestación de la vida que queremos.

En el último capítulo explicamos cómo utilizar esta herramienta para Sintonizar la Vida de tus Sueños.

Para más información sobre como obtener los audios de StayTuned visita www.staytunedportal.com o www.marilisllobet.com

# Parte 4: SINTONIZANDO LA VIDA DE TUS SUEÑOS

## Capítulo 11: Creando la Vida de Tus Sueños

Si has llegado a este punto es porque estás listo para sintonizar la vida de tus sueños. El propósito de este capítulo es brindarte un proceso fácil y amigable que te ayude a crear la vida que mereces. Antes de iniciar este proceso te recomiendo que utilices los audios de Staytuned 528hz, 852hz y 963hz.

El proceso consta de cinco pasos que describo a continuación:

1. Escribe la historia de tu vida hasta el día de hoy, en una sola página.
2. Une los puntos hacia atrás para iluminar tu entendimiento sobre el significado de los eventos más relevantes de tu vida.
3. Despídete de tu víctima interior y dale la bienvenida a tu creador interior.
4. Diseña en una página la vida de tus sueños
5. Sintonízate con tu nueva vida

Es importante que reconozcas por un lado tu naturaleza creadora y por el otro que somos producto en proceso. Esto quiere decir que probablemente hagas este proceso a lo largo de tu vida para ir ganando nuevos niveles de consciencia. En el proceso de evolución humana nunca nos devolvemos. Simplemente hay cosas que nos hacen evolucionar más rápido que otras.

Si todavía tienes dudas de ir por este camino te daré una buena razón. Cuando vivimos la vida por diseño nos acercamos al camino de menor resistencia. Tomé esta decisión hace alrededor de ocho años. Diseñar la vida que quería tener. En estos años he crecido más rápidamente que en el resto de toda mi vida. Además, me permitió descubrir mi camino de menor resistencia.

## El Camino de Menor Resistencia

A lo largo de mi carrera he tenido el honor de conocer una gran diversidad de personas en el mundo empresarial. Desde personas que creen que la vida es una lucha constante y que ven su trabajo como una forma de sobrevivencia, hasta personas que ven su trabajo desde la inspiración, como un servicio a la humanidad. Este último grupo de personas en mi opinión ha encontrado el camino de menor resistencia. Para ellos su trabajo es un placer.

Todos los seres humanos venimos equipados con las destrezas necesarias para tener una vida extraordinaria. Pero la mayoría se quedan atrapados en el miedo, en un empleo que no aman, con una vida mediocre que los aleja de su máximo potencial.

Yo no soy la excepción, pasé 24 años de mi vida trabajando para otros. Hasta que "sucedieron" una serie de eventos que me obligaron a seguir mi camino de menor resistencia.

Hace más de ocho años tomé la decisión de independizarme y seguir mi sueño de tener mi propia empresa. Ahora tengo la oportunidad de tocar la vida de muchas personas y aún en los días más retadores tengo una energía maravillosa que me invade y hago mi trabajo desde el corazón.

A pesar de haber tenido una exitosa carrera en el mundo corporativo y haber hecho mi trabajo con amor, nunca me sentí tan conectada conmigo misma como ahora.

Con frecuencia recibo mensajes de mis alumnos compartiendo cómo alguna técnica que aprendieron en mis entrenamientos les permitió alcanzar logros que ni siquiera consideraban posibles.

Para mí mi trabajo es un honor. Cada encuentro con las personas que llegan a mis entrenamientos es un encuentro sagrado. Honro cada uno de estos momentos y agradezco infinitamente la bendición de poder impactar la vida de tantas personas.

Quisiera compartir una de estas historias cambiando los nombres de la persona para proteger su identidad.

Este es el mensaje que recibí de Rafael, un ejecutivo de ventas telefónicas internacionales que participó en uno de nuestros entrenamientos:

Hola Marilis,

Espero que se encuentre muy bien.

Probablemente no me recuerde, ya que ustedes tienen muchos grupos de personas porque el conocimiento que ustedes imparten es muy apreciado; sin embargo, quería darle las gracias ya que después de tener ese seminario decidí cambiar mi vida.

Mi familia fortaleció mucho la relación que tenemos, he sido promovido 2 veces ya en el trabajo, retomé mis estudios en la universidad y ahora estoy muy interesado en estudiar neuromarketing; todas estas bendiciones han sido traídas a mí gracias a las lecciones de vida tan importantes que usted compartió conmigo; Marilis usted realmente marcó un antes y un después en mi corazón por eso quiero darle las gracias.

Espero que se encuentre muy bien y que siga tocando la vida de las personas.

Con mucho cariño,

Rafael.

Recibir mensajes como este es una gran satisfacción. Esto no sería posible si no hubiera tenido el valor de enfrentar el miedo a la incertidumbre financiera para tener mi propio negocio.

Esto me hace pensar que tenemos el compromiso de honrar nuestros dones siguiendo con valor nuestro camino de menor resistencia. Aunque para ello debamos enfrentar nuestros más grandes temores.

## El Proceso de Crear la Vida de tus Sueños

Las frecuencias sagradas de la música nos ayudan a acelerar el proceso de sintonización con la vida que soñamos. Los resultados que crean las frecuencias son literalmente milagrosos. Crean el estado emocional necesario para manifestar lo que por diseño hemos elegido para sintonizar la vida que soñamos.

(Antes de iniciar este proceso te recomiendo que utilices el audio Acceso al Portal 111hz)

1. Escribe la historia de tu vida hasta el día de hoy


En una sola página escribe la historia de tu vida enfocándote en los eventos más significativos, sea que los percibas como positivos o negativos.

_____

_____

_____

_____

_____

_____

_____

_____

_____

_____

_____

_____

_____

_____

_____

_____

_____

_____

_____

_____

_____

_____

_____

_____

_____

_____

_____

2. <u>Une los puntos hacia atrás para iluminar tu entendimiento sobre el significado de los eventos más relevantes de tu vida</u>.

Entendiendo que el universo es un lugar amigable todos estos eventos te han llevado a ser quién eres hoy. Desde esta perspectiva describe cómo cada uno de estos eventos relevantes te llevó a ser quién eres hoy. (Por favor usa el audio 741hz mientras haces este paso).

_____

_____

3. <u>Despídete de tu víctima interior y dale la bienvenida a tu creador interior.</u>

Escribe una nota de despedida de tu víctima interior en no más de cinco líneas.

Esto es reconocer que no somos víctimas y que todos los eventos que han sucedido hasta ahora han sido para nuestro bien. Dale las gracias a tu víctima interior y dile que ya no la necesitas más. Que ahora te reconoces como creador o creadora de tu propia vida.

_____

_____

_____

_____

_____

_____

Escribe una nota de bienvenida para tu creador interior en no más de cinco líneas. Esto es para reconectarte con tu naturaleza creadora. Pídele perdón a tu creador o creadora interna por haberlo tenido en el olvido. Por no reconocer que siempre estuvo ahí dispuesto a ayudarte a crear la vida de tus sueños.

_____

_____

_____

_____

_____

_____

_____

4. <u>Diseña en una página la vida de tus sueños</u>

Describe en no más de una página la vida que quieres crear. Involucra todos tus sentidos en esta creación. Ponle aspectos visuales, aroma, textura, sabor, sonido y todo lo que te ayude a sintonizarte con esta nueva vida. Mientras estás haciendo este ejercicio te recomiendo que utilices los audios de Staytuned, según lo que quieres crear. Por ejemplo, si deseas atraer el amor a tu vida utiliza el audio 639hz que te facilitará las relaciones con las personas. Si quieres tener más prosperidad y abundancia utiliza el audio 432hz, si quieres tener más intuición escucha el audio 741hz, si deseas más alegría utiliza el audio 396hz.

_____

_____

_____

_____

_____

_____

_____

_____

_____

_____

_____

_____

_____

_____

_____

_____

_____

_____

_____

_____

_____

_____

_____

_____

_____

_____

_____

5. <u>Sintonízate con La Vida de Tus Sueños</u>

Este paso toma 21 días que es lo que tarda el cerebro en formar un hábito.

Reserva 15 minutos al día, en un espacio donde no tengas interrupciones, preferiblemente al inicio o al final del día. Toma este tiempo como algo sagrado, no negociable. Siéntate cómodamente, o si lo prefieres puedes acostarte.

Si estás muy cansado, mejor hazlo sentado. Sugiero que utilices alguno de los audios de Staytuned asociados con la vida que estás creando. Imagina como si fuera realidad la vida que diseñaste para ti con todos tus sentidos involucrados. Por favor no interrumpas los 21 días para facilitar la instalación de tus nuevas conexiones neuronales que apoyarán tu nueva realidad.

Cada vez que tengas la posibilidad escucha el audio que elegiste para programar la vida de tus sueños. Esto hará que te mantengas conectado con la vibración que quieres atraer a tu vida. Además, cada día haz al menos una cosa que te acerque a la vida que sueñas. Por ejemplo, buscar una lectura inspiradora, ver una película o escuchar una canción, participar en alguna actividad que te conecte con personas que han logrado las metas que tú quieres para tu vida o cualquier otra iniciativa que te acerque a lo que deseas. Esto incluye desconectar patrones mentales o pensamientos contrarios a la vida que diseñaste.

Para facilitar este proceso hemos incluido un diario de 21 días para que lleves un registro de tus visualizaciones de 10 minutos y de las tareas que estás haciendo para acercarte a tu nueva vida.

Lo que desde el fondo de mi corazón quiero para ustedes:

Vivan con esperanza. Enfóquense en lo nuevo, entiendan el cambio como algo refrescante. Acepten lo nuevo como un regalo. No añoren el pasado, vivan el presente que es lo único que tenemos y creen su futuro con intención consciente y sin miedo.

Día 1

Mi meditación:

_____

_____

_____

_____

_____

_____

_____

_____

_____

_____

Tareas que me acercaron a mi nueva vida:

_____

_____

_____

_____

Día 2

Mi meditación:

_____

_____

_____

_____

_____

_____

_____

_____

_____

_____

Tareas que me acercaron a mi nueva vida:

_____

_____

_____

_____

Día 3

Mi meditación:

_____

_____

_____

_____

_____

_____

_____

_____

_____

_____

Tareas que me acercaron a mi nueva vida:

_____

_____

_____

_____

Día 4

Mi meditación:

_____

_____

_____

_____

_____

_____

_____

_____

_____

_____

Tareas que me acercaron a mi nueva vida:

_____

_____

_____

_____

Día 5

Mi meditación:

_____

_____

_____

_____

_____

_____

_____

_____

_____

Tareas que me acercaron a mi nueva vida:

_____

_____

_____

_____

Día 6

Mi meditación:

_____

_____

_____

_____

_____

_____

_____

_____

_____

_____

Tareas que me acercaron a mi nueva vida:

_____

_____

_____

_____

Día 7

Mi meditación:

_____

_____

_____

_____

_____

_____

_____

_____

_____

_____

Tareas que me acercaron a mi nueva vida:

_____

_____

_____

_____

Día 8

Mi meditación:

_____

_____

_____

_____

_____

_____

_____

_____

_____

_____

Tareas que me acercaron a mi nueva vida:

_____

_____

_____

_____

Día 9

Mi meditación:

_____

_____

_____

_____

_____

_____

_____

_____

_____

_____

Tareas que me acercaron a mi nueva vida:

_____

_____

_____

_____

Día 10

Mi meditación:

_____
_____
_____
_____
_____
_____
_____
_____
_____

Tareas que me acercaron a mi nueva vida:

_____
_____
_____
_____

Día 11

Mi meditación:

_____

_____

_____

_____

_____

_____

_____

_____

_____

Tareas que me acercaron a mi nueva vida:

_____

_____

_____

Día 12

Mi meditación:

_____

_____

_____

_____

_____

_____

_____

_____

_____

Tareas que me acercaron a mi nueva vida:

_____

_____

_____

_____

Día 13

Mi meditación:

_____

_____

_____

_____

_____

_____

_____

_____

_____

_____

Tareas que me acercaron a mi nueva vida:

_____

_____

_____

_____

Día 14

Mi meditación:

_____

_____

_____

_____

_____

_____

_____

_____

_____

Tareas que me acercaron a mi nueva vida:

_____

_____

_____

_____

Día 15

Mi meditación:

_____

_____

_____

_____

_____

_____

_____

_____

_____

Tareas que me acercaron a mi nueva vida:

_____

_____

_____

_____

Día 16

Mi meditación:

_____

_____

_____

_____

_____

_____

_____

_____

_____

_____

Tareas que me acercaron a mi nueva vida:

_____

_____

_____

_____

Día 17

Mi meditación:

_____

_____

_____

_____

_____

_____

_____

_____

_____

_____

Tareas que me acercaron a mi nueva vida:

_____

_____

_____

_____

Día 18

Mi meditación:

_____

_____

_____

_____

_____

_____

_____

_____

Tareas que me acercaron a mi nueva vida:

_____

_____

_____

_____

Día 19

Mi meditación:

_____

_____

_____

_____

_____

_____

_____

_____

_____

_____

Tareas que me acercaron a mi nueva vida:

_____

_____

_____

_____

Día 20

Mi meditación:

_____

_____

_____

_____

_____

_____

_____

_____

_____

_____

Tareas que me acercaron a mi nueva vida:

_____

_____

_____

_____

Día 21

Mi meditación:

_____

_____

_____

_____

_____

_____

_____

_____

_____

Tareas que me acercaron a mi nueva vida:

_____

_____

_____

_____

# Bibliografía

Achor, S. (2016, October 01). *TED*. Retrieved from The happy secret to better work: https://www.ted.com/talks/shawn_achor_the_happy_secret_to_better_work

Betsy Chase, M. V. (Director). (2005). *What The Bleep Do We Know!?* [Motion Picture].

Braden, G. (2006). *Secrets of the lost mode of prayer.* Carlsbad, CA: Hay House.

Braden, G. (2007). *The Divine Matrix: Bridging time, space, miracles, and belief.* Carlsbad, CA: Hay House.

Coelho, P., & Clarke, A. (1993). *The Alchemist.* San Francisco: Harper San Francisco.

Cuddy, A. (2016, october 01). *TED*. Retrieved from Your body language shapes who you are: https://www.ted.com/talks/amy_cuddy_your_body_language_shapes_who_you_are

Deepak Chopra, D. F. (2010). *The Shadow Effect: Illuminating the hidden power of your true self.* New York: Harper One.

Dispenza, J. (2012). *Breaking the habit of being yourself: How to lose your mind and create a new one. .* Carlsbad, California: Hay House.

Fanin, J. (n.d.). *Understanding Your Brainwaves.*

Fannin, D. J. (2015, December 28). *180 Nutrition*. Retrieved from How the Law of Attraction Works; The Scientific Explanation: http://180nutrition.com.au/180-tv/how-the-law-of-attraction-works-the-scientific-explanation/

Goldstein, B. (2016, April 01). The Secret Language of the Heart. (S.Sedgbeer, Interviewer)

Goldstein, B. (2016). *The Secret Language of the Heart: How to use music, sound and vibration as a tool for healing and personal transformation.* San Antonio, Texas: Hierophant Publishind.

Hay, L. L. (1999). *You can heal your life.* Hay House.

Jobs, S. (2016, october 01). *TED.* Retrieved from How to live before you die: https://www.ted.com/talks/steve_jobs_how_to_live_before_you _die

Killingsworth, M. (2016, October 01). *Want to be happier? Stay in the moment.* Retrieved from TED: https://www.ted.com/talks/matt_killingsworth_want_to_be_hap pier_stay_in_the_moment?language=en

Puddicombe, A. (2016, October 01). *TED.* Retrieved from Al it takes is 10 mindful minutes: https://www.ted.com/talks/andy_puddicombe_all_it_takes_is_10 _mindful_minutes?language=en

Siebold, S. (2010). *How Rich People Think.* United States: London House.

Tolle, E. (1999). *The Power of Now: A guide to spiritual enlightenment.* Novato.CA: New World Library.

William, R. M. (2004). *The Missing Piece in Your Life.* Crestone, CO: Myrddin Publications.

Made in the USA
Columbia, SC
09 June 2024

36354499R00093